[redacted]

Collection

**souris noire**

dirigée par
François Guérif

## L'auteur

**Marc Menonville** est né en 1943.
Il a attendu d'avoir cinquante ans pour écrire des romans. Pendant les vingt-cinq années précédentes, il a été journaliste international et a parcouru le monde à la poursuite de l'actualité, comme spécialiste des problèmes monétaires et des questions de défense.
Il est aujourd'hui auteur de textes policiers et traducteur.

## Du même auteur

dans la collection Rivages Noir
(pour adultes)

- *Jeux de paumes*
- *Walkyrie vendredi*
- *Dies Irae en rouge*

Marc Menonville

# Trois soleils mauves

Illustration de couverture
Jacques Ferrandez

souris noire

SYROS
jeunesse

*Pour Marie, Guillaume*
*et Mathieu Fraissinet,*
*et pour Astrid Leflan.*

Catalogage Électre-Bibliographie
Menonville, Marc
Trois soleils mauves. – Paris : Syros, 1998. –
(poche Souris noire ; 26)
ISBN 2-84146-601-9
Dewey : 811.5 : Albums et fiction. Romans. Aventures et voyages
Public concerné : Bons lecteurs (à partir de 12 ans)

# 1

Les fenêtres ne possédaient plus de vitres, ni les balcons de balustrade. Obus et roquettes avaient laissé dans les murs leurs stigmates noirâtres et des trous béants, mal aveuglés par des plaques de carton, de vieilles couvertures ou des moellons ajustés à la diable.

Mais tant d'immeubles ruinés, dont ne subsistait plus que la carcasse de béton ou le squelette de poutrelles, s'alignaient dans la ville que personne ne s'étonnait plus, ni ne se choquait de ces défauts voyants.

Les dizaines de milliers de malheureux hébergés sous des tentes ou dans des baraques préfabriquées enviaient, au contraire, ceux qu'une vraie toiture pouvait encore protéger des déluges de pluie glaciale de l'hiver et des formidables orages de la belle saison – même si ce toit n'était plus qu'une terrasse décatie, elle aussi crevée çà et là par les projectiles des mortiers, et encore marquée par les créneaux et les meurtrières improvisés par les combattants.

La bâtisse s'élevait à proximité immédiate de la « ligne verte », cette frontière, non écrite mais précise, un *no man's land* large de plusieurs centaines de mètres où poussait à l'abandon une végétation débridée de jungle, qui séparait les secteurs tenus par les deux camps. Sans doute avait-elle tenu lieu de forteresse, lors de l'on ne savait plus quels combats, car des retranchements de fortune – des empilements, hauts de plusieurs mètres, de touques à gazole farcies de ciment et de sacs de sable – en défendaient encore les abords. Jadis luxueuse, et sans doute réservée aux familles d'une bourgeoisie qui tirait sa richesse de la banque et de l'industrie, elle n'abritait plus que des groupes de réfugiés de l'intérieur du pays, squatters misérables vivotant de leur mieux de petits trafics et de commerces de plein vent.

Au quatrième étage, l'appartement où Meriem El Nour et Béchir Abmarouni s'étaient installés n'offrait pas plus de confort que les autres logements, malgré ses trois pièces, sa cuisine jadis pleine d'appareils futuristes mais désormais hors d'usage, et sa salle de bains au sol de marbre et aux murs tapissés de carreaux bleus de faïence portugaise craquelés par les impacts. Pour obtenir un peu d'eau, il fallait descendre dans la rue et patienter, en suivant une queue interminable, devant l'unique robinet branché par un bricoleur sur une conduite urbaine qui fonctionnait encore, par miracle, avant de remplir seaux et bidons.

Dans un coin, sous une sorte d'œil-de-bœuf, imposant sa pétarade et sa puanteur, un deux-temps japonais récupéré sur le port et retapé tant bien que mal fournissait assez d'électricité pour alimenter le soir la télévision, la radio et les quatre ou cinq ampoules qui pendaient, nues, au bout des fils accrochés aux plafonds – quand il y avait assez d'essence. Sinon, on devait se contenter, faute de bougies, des cierges abandonnés dans la sacristie d'une chapelle détruite.

Béchir préparait sa pauvre tambouille sur un petit réchaud de camping au butane et parvenait, vaille que vaille, à marauder assez de charbon de bois pour alimenter le brasero qui procurait un semblant de chaleur quand on se serrait assez près de lui.

Béchir et Meriem venaient du même village de la montagne, une grosse bourgade dont les habitations s'étageaient en nid d'aigle, à mille mètres d'altitude, dominant la plaine étroite coincée entre la mer et les escarpements de la chaîne de sommets. De toute éternité – aussi loin, du moins, que les anciens pouvaient s'en souvenir –, on y avait connu sinon la richesse, en tout cas la prospérité, en cultivant dans les lanières des minces champs en terrasse, soignés comme des jardins d'agrément, la vigne et l'olivier, et surtout les légumes – pois, lentilles, fèves, poivrons, tomates, aubergines, et des plantes aromatiques – qui faisaient naguère encore la gloire et la vanité des meilleures tables de Beyrouth.

Neuf ans plus tôt – mais ce passé semblait aujourd'hui si lointain qu'il s'apparentait presque à une légende du temps jadis –, on y avait vécu en paix, et en bonne entente entre les trois communautés qui cohabitaient. Du haut du minaret de la petite mosquée, l'appel du muezzin faisait écho aux cloches d'une église guère plus grande. Et, bien qu'elle soit tenue par des religieuses, françaises de surcroît, des dominicaines de la congrégation de Notre-Dame de la mer, musulmans et Druzes, comme leurs compatriotes chrétiens, envoyaient sans hésiter leurs enfants à la seule école primaire de la localité.

Mais la guerre était venue, mêlant tellement de pays, de religions, de factions et de partis, tantôt alliés et tantôt ennemis mais tous portés à piller et à lever l'impôt à leur profit que, lorsqu'arrivaient des hommes en armes, c'était un problème insoluble que de déterminer avec certitude à laquelle des parties en conflit ils appartenaient. Prise, reprise, occupée par les uns, réoccupée par les autres, la bourgade n'était plus qu'un monceau de décombres, rasés jusqu'aux fondations, où, maintenant, campaient à l'occasion quelques miséreux de passage qui nomadisaient d'un pâturage à l'autre avec leurs chèvres et leurs moutons et s'entassaient pour quelques nuits sous des bâches rapiécées.

Tous les anciens habitants avaient dû fuir, parfois à pied, et se réfugier dans la capitale où, au contraire d'autrefois, chacun avait été contraint, seulement pour survivre, de trouver refuge dans un quartier dominé par ceux de son clan ou de sa religion.

C'est ainsi que Béchir et Meriem avaient échoué dans ce building délabré, isolé dans les terrains vagues d'un « périmètre d'urbanisation prioritaire » où rien, à vue humaine, ne serait construit avant des dizaines d'années. Le propriétaire, un riche bijoutier que sa prescience avait poussé à se mettre à l'abri en Suisse avant même le début des hostilités, prétendait cependant réclamer des loyers que pas un seul de ses nouveaux locataires n'aurait pu lui payer.

De manière caractéristique, Béchir et Meriem étaient les seuls à loger de leur côté : tournée vers le sud-ouest, leur façade recevait pourtant le soleil et elle offrait un panorama imprenable sur les quartiers méridionaux de la ville et sur l'immensité de la Méditerranée. Mais elle était exposée à tous les tirs venus d'en face.

Fier de ses quatorze ans, bientôt quinze, Béchir, blond et les yeux bleus en authentique descendant d'un croisé de légende, avec toute la gaucherie des adolescents qui n'ont pas fini de grandir, s'était institué le protecteur de Meriem, treize ans aux cerises, la peau mate et un regard de jais. Un éclat de mitraille fiché à proximité de la colonne vertébrale la clouait depuis plus d'un an sur un fauteuil roulant.

Venu entre deux avions, pour une courte mission, un chirurgien de Médecins du Monde avait dégagé une demi-heure pour examiner la jeune fille. À son avis, l'invalide pourrait guérir et conservait l'espoir de marcher un jour, à condition que l'on ose tenter une opération très délicate, impossible à pratiquer à Beyrouth. Il faudrait aller en Europe ou aux États-Unis pour la confier aux soins d'un chirurgien d'exception.

Soirée après soirée, lorsqu'il l'avait étendue sur les deux matelas déchirés qui lui servaient de lit, avant d'arrêter le vacarme du groupe électrogène et de se glisser, dans l'autre pièce, au fond de son sac de couchage posé sur un coussin de vieux journaux, Béchir s'ingéniait à raconter à sa compagne l'avenir radieux qui les attendait dès qu'il aurait pu monter l'atelier de mécanique dont il rêvait. Il disposerait alors de suffisamment d'argent pour l'envoyer dans le meilleur hôpital de la planète, où les spécialistes les plus qualifiés prendraient soin d'elle et lui rendraient ses jambes.

Pour ne pas le vexer ni le désespérer, Meriem évitait de hausser les épaules : quel garagiste, dans une ville où ne circulaient plus que des guimbardes retapées vaille que vaille, accepterait Béchir comme apprenti mécanicien, songeait-elle, et quel financier, sa formation achevée, lui avancerait les indispensables crédits ? Leurs familles, autrefois, auraient pu les aider. Mais elles avaient disparu dans la tourmente. Tous deux, avec une obstination dont ils ne se confiaient pas les raisons, préféraient s'affirmer l'un à l'autre que leurs parents, et leurs frères et sœurs, avaient eu, par miracle, la possibilité de s'embarquer sur l'un des navires qui mouillaient quelquefois, à grand risque, dans le port et gagner, via Chypre, un improbable pays d'accueil.

Mais ils n'ignoraient pas, autant l'un que l'autre, ce que la guerre avait signifié en réalité, avec son cortège de massacres et de tueries.

L'optimisme qu'affichait Béchir, toutefois, ne faiblissait pas.

– Je te jure, disait-il dix fois par jour, que ton père et ta mère sont certainement partis loin d'ici, en sécurité. Dès que la poste sera rétablie, ils pourront t'envoyer de l'argent... des mandats... du courrier.

– Comment pourraient-ils savoir où je suis... où nous sommes ?

– Tu oublies, Meriem, que nous avons été inscrits sur les listes de la Croix-Rouge.

Elle soupirait :

– On verra bien, on verra. Et tes parents à toi ?

À cette question-là, Béchir n'avait à opposer qu'un grognement. Il s'était toujours refusé à avouer à la jeune fille, blessée et évacuée sur la capitale quelques jours auparavant, qu'en revenant, une fin d'après-midi, de la prairie sèche où il gardait ses bêtes, il n'avait plus trouvé que des murs effondrés sous l'amas des tuiles fracassées après les détonations en tonnerre d'un double barrage d'artillerie.

Le silence pesait sur les maisons écroulées comme un chape de plomb, à peine troublé par le vrombissement de grosses mouches bleues. Il avait compris tout de suite qu'il ne reverrait plus jamais les siens, sa grand-mère, ses parents, son frère aîné et ses deux sœurs. Il était alors, lui aussi, descendu vers Beyrouth, à pied, esquivant par les sentiers les contrôles des patrouilles, dans l'espoir de quitter le pays. Errant dans la ville, à la recherche d'un logis, il avait retrouvé Meriem par hasard. Depuis, il veillait sur elle.

Chaque matin, après lui avoir apporté un petit déjeuner frugal, et s'être assuré qu'une voisine serviable viendrait la laver et l'habiller, il s'enfonçait dans le dédale des rues creusées de fondrières. Débrouillard, il parvenait toujours à dénicher le petit boulot qui assurait quelques sous, vendeur de cigarettes ou de sodas, laveur de pare-brise, cireur de chaussures, ou à découvrir, derrière les docks ou dans les stocks abandonnés par les « casques bleus », un peu de nourriture. Il rentrait en évitant les barrages de soldats et de policiers prompts, sous le moindre prétexte, à expédier le premier venu en prison pour des semaines ou à exiger leur dîme.

Depuis des mois, grâce à son courage et à ses menus chapardages, Meriem et lui survivaient à peu près, le ventre souvent creux et la désespérance au cœur, dans l'attente d'un avenir qu'ils ne discernaient pas, mais qu'ils espéraient meilleur.

Ce soir-là, un dimanche, le vent d'ouest, en tourbillons, avait chassé du ciel de Beyrouth, vers les plaines arides de la Syrie et de la Jordanie, les derniers nuages d'une succession d'averses orageuses. Des bancs de brume grise et blanche, comme des paquets de ouate sale, se cramponnaient encore aux sommets. Béchir, tôt rentré à la maison après avoir remplacé durant l'après-midi Habib Saïdeni – un filou, mais il venait, lui aussi, de leur village natal – derrière son éventaire de glaces et de bonbons dressé sur la plage, à côté des vestiges rouillés de la grande roue, avait approché de la fenêtre le fauteuil de Meriem. Assis à côté d'elle sur un tabouret branlant, il jouait, pour se donner le même air que les sages vieillards rassemblés à la fraîche sous le feuillage des micocouliers, à tirer sur l'embout d'un narguilé sans tabac.

Au loin, tranchant avec le vert de la mer, les reflets du couchant, irisés comme par un prisme de cristal, paraissaient poser trois soleils mauves sur les rides de la houle.

De la rue, à quelques mètres en dessous d'eux, montèrent soudain le ronflement d'une file de voitures, puis des crissements de freins, le claquement sec des culasses des Kalashnikov que l'on arme, des cris, et les premières rafales de coups de feu.

– Regarde, Béchir, regarde, s'écria Meriem. On dirait encore une fois qu'on veut assassiner quelqu'un !

# 2

Dans la ville, depuis le début de la guerre, l'insécurité était devenue si grande et si permanente que personne ne manifestait plus la moindre surprise devant un meurtre ou un enlèvement, ni même devant un attentat à la bombe.

Régulièrement, selon une sorte de cadence que les plus avertis se targuaient, en se vantant à peine, de pouvoir prévoir à l'avance, des explosions – rustiques machines infernales ou voitures piégées munies de dispositifs sophistiqués – ensanglantaient les rues, d'un secteur comme de l'autre. C'en était presque devenu un spectacle banal qui attirait toujours, outre une meute de journalistes libanais et étrangers, le calepin, le micro ou la caméra à la main, une foule de badauds jamais rassasiés de ces terribles spectacles. Beyrouth retentissait ensuite du hurlement des sirènes des ambulances et des avertisseurs des véhicules privés qui emmenaient dans les hôpitaux des dizaines de blessés, puis les innombrables morts – on avait renoncé à les compter – que l'on enterrait à la hâte.

La presse internationale indiquait ensuite, non sans une certaine lassitude, que le deux cent huitième cessez-le-feu ou la dixième trêve en vigueur avaient été violés pour la énième fois. Quant aux prises d'otages, elles se multipliaient depuis quelque temps, sans qu'il soit toujours possible de déterminer si leurs auteurs obéissaient à des motifs politiques, ou s'il ne s'agissait que de kidnappings montés dans le seul but d'exiger une rançon, toujours exactement proportionnée aux ressources de la victime et de ses proches.

Tout de même, à part les péripéties proprement militaires de la guerre civile, au cours des périodes d'affrontements majeurs, rien de grave ou d'important ne s'était encore passé à proximité de l'immeuble où Béchir et Meriem avaient trouvé refuge.

En une fraction de seconde, l'adolescent vérifia que les bloqueurs du fauteuil de Meriem étaient assez serrés pour qu'elle ne risque pas de basculer, puis, debout, s'accrochant au mur, il se pencha lui aussi. Sur la chaussée, à quelques mètres en dessous de lui, tout se déroulait comme à la vitesse de l'éclair.

Dans la rue, deux Mercedes, surgissant de nulle part, avaient bloqué le passage à une Buick majestueuse, peinte d'un noir nacré, qui, comme toutes les grosses américaines, signalait une haute personnalité. Arrivant ensuite, un pick-up Toyota, mis en travers de la chaussée par un dérapage des quatre roues, interdisait à la Buick de s'échapper en marche arrière. Six hommes en combinaison verdâtre avaient bondi des Mercedes, coiffés de chapeaux ou de casquettes, un passe-montagne remonté jusqu'aux yeux pour dissimuler leurs visages. Quatre d'entre eux, l'arme à la hanche, tiraient dans les pneus de la Buick pour empêcher toute fuite. Prenant position de chaque côté, deux autres, à l'évidence, abattraient ses occupants s'ils tentaient de sortir.

Jusque-là, cachés à plat ventre sur la plateforme du pick-up, trois jeunes gens, qui, ceux-là, ne s'étaient même pas donné la peine de masquer leur physionomie, disposaient sur un affût chandelle une mitrailleuse Browning d'un modèle complètement dépassé mais encore capable de provoquer un carnage.

Dans une langue que Béchir et Meriem ne connaissaient pas, celui qui paraissait être le chef du commando intima aux passagers de la limousine américaine l'ordre de descendre. Il en sortit quatre personnes, mains en l'air : le chauffeur, puis un grand costaud – sans doute un garde du corps – et enfin un monsieur assez âgé, très bien habillé, dont le maintien digne indiquait l'importante position sociale, accompagné par un godelureau à cheveux longs, en veste et pantalons de denim, son secrétaire probablement.

Fascinés, Béchir et Meriem suivaient, paupières écarquillées, les événements stupéfiants dont leur rue, d'habitude si calme et morne, était le théâtre, sans oser murmurer un seul mot. Ils entendirent très clairement le chef lancer une phrase sèche. En trois rafales brèves, ce qui signait l'action de professionnels bien entraînés, le chauffeur, le garde du corps et le secrétaire furent abattus. L'odeur âcre de la cordite s'éleva dans l'air, tandis que, plus sourd, tranchant sur le fracas des détonations, retentissait le tambourinement d'une grêle de balles perdues qui s'enfonçaient dans le crépi des vestiges d'une construction à jamais inachevée.

Une grenade incendiaire fut jetée dans le coffre de la Buick. Elle s'embrasa de bout en bout, dégageant, au milieu des flammes or et bleues de l'essence et de la matière plastique, les lourdes volutes d'une fumée grise. Celui qui pilotait la Toyota se rapprocha, pare-chocs contre pare-chocs, pour faire glisser l'épave incendiée sur les restes du trottoir de longtemps défoncé.

Le vieil homme fut poussé sans aucun ménagement dans la première des Mercedes qui démarra en trombe, dans un crissement aigu de caoutchouc brûlé, suivie aussitôt par la seconde voiture et par le pick-up qui, dépourvu de pot d'échappement, ronflait comme une locomotive. À l'oreille, Béchir et Meriem notèrent que le cortège, après avoir filé plein ouest, obliquait dans la direction approximative du quartier des grands hôtels. Cela signifiait, à ne s'y pas tromper, que les ravisseurs avaient l'intention de franchir la « ligne verte » par l'un des deux ou trois passages encore praticables. Ils prenaient le risque, connu et accepté par eux, de déclencher sans le moindre préavis la fusillade des tireurs d'élite qui surveillaient nuit et jour ces sas entre les deux zones, la paupière collée à l'œilleton de la lunette de visée.

Au bas de l'immeuble, il ne restait plus que la Buick qui flambait toujours, et trois cadavres étalés dans la poussière. Comme si les assaillants se croyaient assurés d'une totale impunité, pas un seul d'entre eux n'avait, à aucun moment, levé le regard vers l'embrasure d'où Béchir et Meriem les observaient.

*

Un quart d'heure plus tard, les deux jeunes gens, comme figés, n'avaient pas bougé. Le soleil, maintenant, s'était enfoncé sous l'horizon, dans une débauche de rayons mordorés. La pénombre du crépuscule devenait plus épaisse de minute en minute. Meriem, la première se remit de son émotion.

– Rentre-moi maintenant, dit-elle en s'efforçant à la placidité. Je commence à avoir froid.

Béchir tira le fauteuil à l'intérieur et, machinalement, pressa le bouton du transistor avant de commencer à préparer le dîner. La jeune fille se pencha sur un travail délicat de broderie qu'un passeur ami emporterait bientôt à Chypre, à destination d'une boutique d'artisanat local où les touristes la paieraient dix fois son prix – ce qui dégageait un petit revenu dont le commerçant et l'intermédiaire s'attribueraient l'essentiel.

À 18 h 30, un bulletin spécial de « Radio Cèdres » annonça que l'un de plus puissants chefs de clan du pays, Antoine Gabireh, avait été enlevé.

Gabireh appartenait à la caste anachronique des « grands féodaux » qui dominaient le pays – et le tenaient en coupe réglée. Sa famille et sa clientèle, qui dominaient une vaste région dans le nord, devaient le plus gros de la fortune de la tribu, murmurait-on, au trafic vers l'Europe et les États-Unis du chanvre et du pavot.

Transmis aux agences de presse, le communiqué d'un mystérieux « groupe de la Révolution du 31 décembre » revendiquait le rapt, et réclamait la libération de 114 prisonniers politiques dans un délai de 36 heures en échange de sa liberté. Si cet ultimatum n'était pas satisfait au bout de cette courte période, Gabireh serait exécuté.

Les meilleurs connaisseurs des affaires libanaises rappelèrent avec perplexité que, pas plus dans le pays que dans le Moyen-Orient tout entier, aucune révolution n'avait éclaté un 31 décembre. Pour les spécialistes, cette date, outre les réveillons traditionnels, n'évoquait rien d'autre que le rattachement du canton de Genève à la Confédération suisse – ce qui n'avait, à l'évidence, rien à voir avec le Liban.

Au même moment, conduits par un officier de la gendarmerie galonné sur tranche, et escortés par une petite escouade de soldats aux uniformes crasseux, trois policiers, l'air désabusé, chargeaient dans une camionnette les cadavres demeurés jusque-là dans la rue.

*

Une pâleur de craie envahit les joues de Meriem. Mais sa voix ne tremblait pas lorsqu'elle déclara :

– Béchir, c'est devenu trop dangereux. Il nous faut partir d'ici, et très vite.

– Tu es folle ou quoi ? se récria l'adolescent. D'abord, ils ne nous ont pas repérés. Et, ensuite, où veux-tu que nous allions ?

Elle hocha la tête :

– Réfléchis un peu. Nous sommes les seuls témoins. Nous pourrions reconnaître au moins trois d'entre eux, et...

– Ceux du pick-up ?

– Exactement. Tu prétends qu'il ne nous ont pas aperçus. Mais qu'est-ce qui te fait croire qu'ils n'étaient pas déjà venus dans le coin pour préparer leur affaire, hein ? Bien sûr, nous ne risquions pas de les déranger pendant qu'ils agissaient. Mais...

– Je...

– Non, Béchir. Ils peuvent très bien avoir compris que ce logement est occupé. Et, maintenant, nous devenons gênants pour eux... très gênants... tu saisis ce que j'entends par là. Ils vont certainement vouloir se débarrasser de nous.

Il haussa les épaules :

– Très bien. Tu... bon... admettons pour l'instant que tu as raison. Alors, je te le répète : où veux-tu que nous allions ? Nous n'avons certainement pas assez d'argent pour nous offrir le passage sur un bateau pour Larnaca. Moi, je pourrais toujours essayer de me faire embarquer sur un des camions qui descendent vers la frontière sud. Mais toi, comment...

Le ton de Meriem demeurait calme. Des larmes, cependant, perlaient sous ses cils :

– Je comprends. Tu es en train d'insinuer que personne... ni chez nos amis, ni ailleurs... ne voudra se charger d'une invalide clouée dans sa chaise à roulettes. C'est bien ça ?

Béchir affecta de se pencher sur la casserole pour ne pas avoir à affronter l'éclat sombre des prunelles de sa compagne :

– En gros, oui, c'est ça.

– Très bien, lâcha-t-elle avec un gros soupir. Il ne me reste plus qu'à trouver une solution. Mais je te jure bien que j'en trouverai une très vite.

Le calme qu'elle affectait l'avait abandonnée, et elle s'exprimait maintenant avec une sorte de rancœur.

Il reprit, plus troublé, malgré lui, qu'il ne voulait le paraître :

– Mettons-nous à table. C'est prêt. Et réfléchissons ensemble. Mais réfléchissons vite, comme tu le disais toi-même.

*

Avec la guerre et la pauvreté, il fallait oublier les plantureux *mézés* de naguère et se contenter du strict minimum – et même d'un peu moins que le minimum. Le dîner, en silence, fut rapidement expédié, les laissant comme toujours sur leur faim. Béchir alluma le brasero pour tâcher de vaincre la fraîcheur de la nuit.

– J'ai une idée, lança soudain Meriem.

Cette fois, il haussa franchement les épaules. Il grogna :

– Je t'écoute. Mais...

Elle lui décocha un sourire malicieux et très gai :

– Autrefois, tu étais bon marcheur, non ?

Rasséréné, il se rengorgea, plein d'une vanité enfantine qui faisait de lui, à nouveau, un petit garçon :

– Ah, je crois bien que personne ne pouvait me rattraper quand je courais dans la montagne avec mes bêtes ! Au village, j'étais le meilleur, rappelle-toi ! Et, à l'école, je gagnais toutes les courses !

Meriem éclata de rire :

– Eh bien, j'espère que tu as encore un peu d'entraînement.

– Et pourquoi, je te prie ?

Elle le fixa, avec une brusque gravité :

– Parce qu'il va te falloir pousser mon fauteuil jusqu'à la frontière. Voilà pourquoi.

– Jusqu'à la frontière ? Tu es devenue complètement folle, par hasard ?

Elle le raisonna, très maternelle, comme si elle avait vingt ans de plus que lui :

– Finalement, je suis d'accord avec toi. Avec ce machin...

Du menton, elle désignait l'engin sur lequel elle était assise.

– Avec ce machin, et à deux, nous n'aurions aucune chance en stop. Mais qui se méfiera en voyant sur les routes un gentil frère qui emmène sa petite sœur malade voir leur grand-mère ? Une grand-mère qui habitera toujours au village suivant, bien entendu.

Il rit à son tour :

– J'avais raison sur toute la ligne. Tu es folle à lier. Et tu me proposes une folie. Mais c'est peut-être jouable. Nous partirons demain matin. D'accord... mais à part ça, nous partirons pour où ?

Elle corrigea :

– Nous partirons avant l'aube, Béchir. Et je sais où nous irons.

– Ah bon ! Eh bien, madame Je-sais-tout, tu sais même où nous devons aller ?

– La sœur Dominique… elle m'avait raconté que leur congrégation a aussi un couvent, à Jérusalem. Dans la vieille ville, tout près du Saint-Sépulcre. Je te demande un peu qui d'ici viendrait nous chercher là, hein ?

Il hésita. Mais il ne savait pas lui résister :

– Très bien. Avant l'aube, si tu veux.

Mais, au beau milieu de la nuit, deux longues rafales de pistolet-mitrailleur, de pleins chargeurs, furent tirés depuis la rue contre leur logement. Terrifiés, pelotonnés l'un contre l'autre, Béchir et Meriem entendirent les assaillants, brusquement dérangés dans leur vilaine besogne par une patrouille de gendarmes motorisés, s'enfuir sans demander leur reste dans le rugissement caractéristique du moteur d'un pick-up Toyota privé de pot d'échappement.

# 3

Les préparatifs de départ furent vite achevés. Béchir entassa leur peu de vêtements dans un sac à dos de toile kaki abandonné quelques mois plus tôt par les *Marines* américains au moment où ils avaient quitté la ville et dans un ballot de tissu.

Il confia à Meriem toute la fortune – quelques billets et beaucoup de piécettes – qu'ils cachaient dans une boîte de thé. Puis il descendit dans le hall le fauteuil roulant et leurs bagages, remonta, chargea le jeune fille sur ses épaules, et l'amena au rez-de-chaussée.

Ils partirent sans regret, ne laissant derrière eux rien à quoi ils auraient pu s'attacher. Béchir s'étonna même d'avoir, il ignorait pourquoi, respecté l'inutile précaution de refermer la porte avant de s'en aller.

Ce fut ainsi qu'ils prirent la route, sous les étoiles de la Grande Ourse qui s'éteignaient une à une, dans le froid vif de l'aube dont les premières lueurs, encore incertaines, s'accrochaient déjà aux roches roses des pics de la crête. Béchir, portant son sac, poussait Meriem qui tenait le ballot sur ses genoux. Pour se donner du cœur au ventre, l'adolescent, l'air dégagé et dissimulant son appréhension, sifflotait une rengaine martiale qui rythmait ses pas. Meriem se taisait.

Ils entreprenaient un long voyage. En temps normal, ils auraient dû parcourir cent vingt kilomètres, en suivant l'une des deux grandes artères qui parcouraient le pays d'une extrémité à l'autre. Mais, avec la guerre, ils étaient contraints à un long détour, pour tenter d'éviter de traverser les régions où les combats ne cessaient jamais vraiment : il leur fallait monter presque plein nord, obliquer ensuite pour rejoindre la vieille route de la moyenne corniche, qui alignait à mi-pente une succession ininterrompue de virages, de durs raidillons et de brusques descentes, et se glisser enfin entre les hameaux du plateau du sud avec l'espoir de rencontrer un peu de sécurité dans la zone que contrôlaient, en principe, les casques bleus des Nations Unies.

Ne resterait plus, alors, qu'à se présenter à l'unique poste frontière, à Mtoulé, que les Israéliens nommaient Métoullah, afin de franchir la triple ligne de barbelés et de grillages électrifiés, couverts par des rangées de mines, qui marquait depuis des années la limite méridionale du pays.

Ni Meriem ni Béchir ne savaient comment ils pourraient manger, ni où ils dormiraient chaque soir. Mais ils préféraient affronter toutes ces incertitudes plutôt que de continuer à s'exposer à la prochaine attaque des ravisseurs d'Antoine Gabireh qui, ils l'avaient montré cette nuit même, ne reculeraient pas devant l'assassinat de deux enfants pourtant totalement étrangers à leurs agissements.

Cependant, la chance leur sourit, à peine avaient-ils atteint les faubourgs. Contrairement, à ce qu'ils avaient cru l'un et l'autre, le fauteuil roulant ne dissuadait nullement le bon cœur des passants.

Le chauffeur d'une bétaillère crasseuse qui remontait à vide sur Damas, un moustachu qui sentait la bière et le fromage, leur proposa ainsi de les charger pour « un petit bout de chemin ». Ils pourraient alors rejoindre sans effort la route de la montagne. Au premier barrage qu'ils rencontrèrent – des miliciens nonchalants, la cigarette aux lèvres, qui portaient à la bretelle des fusils mal astiqués, et se préoccupaient davantage, semblait-il, de leur café du matin que de vérifications d'identité –, ils expliquèrent, comme prévu, qu'ils allaient passer la journée chez leur grand-mère qui, prétendirent-ils, habitait à Jabhla : une localité située derrière le col dont le creux, tout proche, se lisait entre deux sommets. On les laissa passer sans exiger qu'ils présentent leurs papiers.

L'un des miliciens, diacre d'une quelconque paroisse de la région, ou peut-être un prêtre qui avait renoncé provisoirement à la soutane, leur adressa force bénédictions. Il brandissait vers eux, comme un marteau de bataille, le crucifix d'acier qu'un long lacet de cuir retenait autour de son cou.

Les choses se gâtèrent quelques kilomètres plus loin. Là, de toute évidence, les miliciens avaient été avertis de l'enlèvement d'Antoine Gabireh. D'une nervosité extrême, ils entreprirent de fouiller le camion sous tous les angles. Pendant que deux d'entre eux tenaient la cabine de conduite sous la menace d'une mitrailleuse braquée, bande engagée et doigt sur la détente, les autres examinèrent tous les coins et recoins du véhicule. Les pauvres bagages de Béchir et de Meriem n'échappèrent pas à leur curiosité. Ils contemplèrent d'un œil torve les documents qui leur étaient présentés, et ne déplacèrent qu'à regret les chevaux de frise qui barraient la chaussée.

Quand la bétaillère repartit, celui qui paraissait commander cette section aux aguets vida le chargeur de sa Kalashnikov en tirant une longue rafale vers un buisson, pour impressionner ou pour détendre ses nerfs.

La même comédie se répéta une demi-heure plus tard, cette fois avec des soldats appartenant au camp adverse. Ils se montrèrent plus nerveux encore, et compulsèrent longuement les papiers que Béchir leur présenta. L'adolescent éprouva quelque peine à retenir un sourire car l'un de ceux auquel il les soumit – un gamin à peine plus vieux qu'eux que le lance-roquettes RPG porté à la bretelle encombrait – les regarda attentivement à l'envers, tout en arborant une expression de grande concentration.

On les laissa poursuivre leur trajet comme à contrecœur, avec des regards durs qui signifiaient : « C'est bon pour aujourd'hui, mais n'y revenez pas. »

Le camionneur serviable avait sans doute besoin de compagnie, car, lorsqu'ils furent parvenus au carrefour de la moyenne corniche et de la route qui descendait sur la plaine de la Békaa et, au-delà, sur la capitale de la Syrie, il leur expliqua, en allumant un gros cigare de tabac noir, qu'il les aurait volontiers conduits plus loin encore.

– Mais, ajouta-t-il, mon patron est exigeant sur les horaires. Si j'arrivais là-bas en retard, il me ferait sauter la moitié de mon salaire. Il serait trop content ! Et moi, je n'ai pas envie de lui faire ce plaisir !

Le remerciant vivement, Béchir et Meriem poursuivirent leur chemin, le premier, à pied, poussant l'autre. Vers 10 heures, ils s'arrêtèrent au bord de la fontaine, dans un ancien hameau de bergers, déserté depuis des années. Sous le soleil éclatant, la chaleur devenait accablante malgré le vent frais descendu des hauteurs où subsistaient encore, ici et là, à l'ombre d'un rocher tors ou d'un bouquet d'arbres, des plaques de la neige de l'hiver. Au printemps et en été, lorsqu'elles fondaient, elles alimentaient des sources qui donnaient une eau à la pureté de glace.

– Je n'ai plus soif, mais j'ai une faim de loup, remarqua Meriem d'une petite voix.

– Nous ne sommes plus qu'à six kilomètres du prochain village, répondit Béchir après avoir consulté la carte. Je crois bien me souvenir qu'il y a une épicerie. Nous pourrons y acheter de quoi nous faire des sandwiches.

– Oui, mais ne dépensons pas trop d'argent. Il nous en reste tellement peu !

Béchir ne répliqua rien.

La veille, dans son duvet, il avait compté et recompté leur fortune à la lumière d'une lampe de poche. Ils possédaient en tout et pour tout 813 livres libanaises, plus ce qu'ils appelaient, par une sorte de triste plaisanterie, leur « fonds de secours » : un billet de 50 dollars donné en paiement par un bersaglier italien des forces de l'ONU dont l'adolescent avait ciré l'assortiment au grand complet de chaussures et de rangers avant qu'il ne rembarque pour regagner son pays, deux ans auparavant. En supposant qu'ils puissent dormir dans des granges ou des étables, sans bourse délier, ils avaient tout juste assez pour se nourrir.

Mais le destin ne les avait pas oubliés. Deux kilomètres après le hameau, ils furent dépassés par un convoi du Comité international de la Croix-Rouge – deux Land-cruiser Toyota et cinq camionnettes, tous peints en blanc – qui descendait sur Merdjayoun, à proximité presque immédiate de leur destination. À l'évidence ému par le fauteuil de Meriem, le délégué suisse qui menait ce cortège leur proposa de les emmener jusqu'à la petite ville.

– D'ailleurs, précisa-t-il, je prolongerai jusqu'à Tel-Aviv. Si vous voulez passer la frontière avec moi...

– Ah oui, bien sûr, monsieur !

– Alors, si le cœur vous en dit...

C'était là une offre bienvenue. Car le franchissement de la zone tenue par des troupes libanaises dissidentes alliées aux Israéliens, puis le passage de l'unique poste ouvert dans les retranchements édifiés dans le nord de la Galilée prenait toujours des heures aux voyageurs tout-venant – et même à ceux qui commerçaient régulièrement avec le pays voisin ou qui y exerçaient, dans la discrétion, un travail permanent.

Parfois, lorsque la tension montait, la frontière était fermée pendant des jours, et s'entrouvrait seulement, de mauvaise grâce, pour les officiels de l'ONU et des organisations humanitaires, qui devaient tout de même endurer mille tracasseries et des fouilles humiliantes.

À Merdjayoun – ou, plutôt, dans ce qu'il en subsistait, car la ville, depuis des années, avait subi les bombardements et les canonnades de tous les belligérants –, la bienveillance de la Croix-Rouge n'alla pas jusqu'à offrir à déjeuner à Béchir et à Meriem. Toutefois, rassurés à l'idée qu'ils seraient bientôt hors de portée des ravisseurs d'Antoine Gabireh, le jeune homme décida qu'ils pouvaient écorner quelque peu leur maigre magot. Il acheta dans les souks du pain, de l'huile, des olives et des tomates, ainsi que la moitié d'un poulet froid parfumé au safran.

Protégés tous deux du soleil par un auvent de tôle rouillée, ils firent honneur à un repas qui avait déjà le goût de la liberté.

Vers 14 heures, à bord cette fois d'une luxueuse BMW, blanche elle aussi, le délégué du CICR, qui conduisait lui-même, et les deux adolescents parvinrent à Métoullah. Les gardes frontières israéliens, des Druzes à la mine farouche et belliqueuse et de jeunes conscrits sérieux et appliqués, prirent comme un malin plaisir à scruter le dessous de la limousine, à l'aide d'un miroir monté sur roulettes et à sortir tout le contenu du coffre, jusqu'à la plus minuscule clef anglaise et à un jeu de bougies usagées. En revanche, ils n'accordèrent aux passagers qu'un mépris bourru : le pavillon de la Croix-Rouge, ce jour-là, protégeait les passagers.

Une jeune soldate, plus attentive encore que ses camarades masculins, et le visage franchement revêche, remit à Béchir et à Meriem un document recouvert d'une multitude de tampons, qui les autorisait à séjourner sur le territoire israélien pour une durée de vingt-quatre heures. Ce permis ne pourrait être renouvelé avant une semaine. Il devrait être présenté à toute réquisition des autorités compétentes.

« Une journée, c'est mieux que rien, songea Béchir. Nous aurons au moins le temps de nous reposer et d'aviser en paix. »

À l'instant même où la barrière se levait pour que la BMW pénètre sur le territoire d'Israël, Béchir remarqua, appuyé contre un poteau de cornière qui soutenait le grillage, un individu d'environ vingt-cinq ans, en civil mais muni du ceinturon de toile synthétique qui retenait l'étui d'un pistolet. Il l'identifia tout de suite : c'était celui qu'il avait vu au volant du pick-up Toyota lors de l'enlèvement du leader libanais.

On ne pourrait jamais savoir s'il les avait reconnus. Peut-être voulait-il seulement démontrer à d'autres que, là où il était, nul ne lui contestait le droit d'agir comme bon lui semblait. Mais lorsque la BMW passa devant lui, il adressa à Béchir et à Meriem, ou peut-être seulement au délégué d'une Croix-Rouge qui n'était guère populaire chez les Israéliens, une grimace à la fois ironique et menaçante, en tapotant d'une manière qu'il voulait significative la poignée de son arme.

En descendant vers Tel-Aviv, sur la route qui parcourait la pointe de la Galilée, cette zone étroite que l'on surnommait autrefois « le doigt de gant », Béchir ne cessa de s'interroger : les ravisseurs d'Antoine Gabireh étaient-ils les alliés des Israéliens ? Ou bien celui qu'ils venaient de voir appartenait-il à la catégorie toujours plus nombreuse des agents doubles qui pullulaient, comme de toute éternité, dans tout le Moyen-Orient ?

Un fait, en tout cas, paraissait clair : quels qu'ils fussent, en réalité, ces gens-là estimaient sans aucun doute que les deux adolescents en savaient trop. Et ils leur avaient clairement fait connaître leur ferme intention d'éliminer au plus tôt deux témoins en mesure de les dénoncer.

# 4

En Israël, le stop fait figure d'institution nationale. Tout le monde y a recours, aussi bien les rabbins que les militaires, et autant les professeurs d'université que les infirmières – et parfois les ministres, sous l'œil de la télévision, lorsqu'ils veulent flatter leurs électeurs.

En dépit du fauteuil roulant, Béchir et Meriem n'éprouvèrent ainsi aucune difficulté à se faire emmener de Tel-Aviv jusqu'à Jérusalem par un brave commerçant installé depuis longtemps dans le pays, mais originaire de Bassora, en Irak. Il transportait dans sa camionnette déglinguée, aux ressorts écrasés par une charge excessive, une cargaison hétéroclite composée principalement d'objets de piété destinés aux pèlerins de toutes les religions qui, en dépit des événements, continuaient en toutes saisons d'accourir en Terre sainte.

Avec impartialité, le bonhomme vendait, dans son échoppe d'une dizaine, à peine, de mètres carrés installée non loin du Mur des Lamentations, de quoi satisfaire tout autant les chrétiens de toutes appartenances que les juifs ou les musulmans. À l'usage des incroyants, il s'était également fait une spécialité de T-shirts parfaitement hideux, à l'effigie de divers personnages célèbres, ou bien ornés de l'étoile de David ou de panoramas criards de la vieille ville au soleil couchant.

Heureux d'être submergé par la demande, il en vendait davantage que son fabricant, harassé, n'en pouvait produire.

Bavard impénitent, et trop content de pouvoir parler à nouveau l'arabe de sa jeunesse, il tint à régaler les deux jeunes gens, qu'il prenait pour des Arabes de Cisjordanie, d'anecdotes et d'histoires drôles – mais bien moins amusantes qu'il n'en était lui-même persuadé.

Bien qu'il se rendît dans les faubourgs de la ville moderne, où se trouvait son entrepôt, il insista pour les déposer juste devant la porte du couvent du Tabernacle de l'Arche sainte où, ils l'espéraient, la sœur Dominique, naguère encore institutrice des petites classes de l'école de leur village, pourrait les héberger.

Béchir et Meriem se heurtèrent d'abord à la méfiance de la sœur tourière, dont le regard hostile pouvait laisser croire qu'elle prenait le garçon pour un terroriste extrêmement sanguinaire et la jeune fille pour la conductrice d'un engin piégé. Les laissant faire le pied de grue à la porte du monastère, elle consentit tout de même à demander à une novice d'appeler celle qu'elle n'appelait que la sœur économe.

Sœur Dominique était une petite femme sans âge, au visage lisse sous son voile gris, étonnamment preste, malgré sa corpulence, sur ses sandales de cuir grossier, dont les yeux vifs brillaient derrière de sages lunettes à la monture de fer. En apercevant Béchir et Meriem, elle passa par toutes les couleurs de l'arc-en-ciel, sourit aux anges, pleura à chaudes larmes, et les serra sur son cœur. Elle éprouvait tant d'émotion qu'elle en bégayait en invoquant le bon Dieu et la Vierge.

– Mes enfants, mes enfants, ah, quel bonheur ! répétait-elle comme une litanie.

Puis recouvrant soudain son sens pratique et sa sollicitude, elle s'inquiéta :

– Au moins, avez-vous mangé ? Avez-vous faim ? Et soif ?

Avant même que les deux jeunes gens n'aient pu répondre, elle reprit, encore plus préoccupée, et les mains jointes :

– Sainte Marie, mère de Dieu, où vais-je bien pouvoir coucher ces pauvres petits ?

Elle comptait et recomptait sur ses doigts, marmonnant entre ses dents, comme des patenôtres, une sorte de comptabilité ménagère que Béchir et Meriem n'osaient pas interrompre :

– Voyons... vingt-quatre et quinze... plus dix-sept... la chambre de monseigneur... non, non, pas question... notre mère supérieure, que le Seigneur la bénisse, se fâcherait... évidemment, je pourrais transférer les trois gamins d'Hébron dans la chambre verte du second, ce qui me libérerait la bleue... et, dans ce cas j'y mettrai Meriem... très bien... et Béchir... oui, c'est cela, en attendant, Béchir ira... il peut bien y aller... dans le dortoir saint Joseph avec les élèves du collège... donc...

Elle regarda ses protégés et lança, enchantée, une formule qu'elle leur avait serinée lorsqu'elle leur faisait la classe :

– Il n'y pas de problème sans solution. Il n'y a que des problèmes mal posés, n'est-ce pas ?

– Oui, ma sœur.

– Voilà donc une affaire réglée, et bien réglée. Nous irons déposer vos bagages tout à l'heure. Venez d'abord à la cuisine. Sœur Hedwige, au fond de ses placards, garde certainement de quoi vous préparer une omelette.

Maîtresse des cuisines de la communauté, la sœur Hedwige était une géante aussi bien bâtie que les paysans de ses Flandres natales.

– Voici Meriem El Nour et Béchir Abmarouni, lui présenta la sœur Dominique. Mes meilleurs élèves, et... je ne devrais pas l'avouer devant eux... mes élèves préférés.

En un tournemain, les moniales, affairées, confectionnèrent, outre l'omelette promise par sœur Dominique, des sandwiches gigantesques et une salade de poivrons aux olives. Sœur Hedwige, attendrie, sortit du réfrigérateur un restant de crème au chocolat qui aurait, à lui seul, pu rassasier six dockers affamés.

Béchir et Meriem, exaltés par une telle abondance, dévorèrent en silence, sous les yeux mouillés des deux religieuses qu'ils sentaient cependant prêtes à se mettre en colère s'ils n'absorbaient pas jusqu'à la dernière bouchée. Un peu étouffée d'avoir avalé trop vite, mais tout à la joie d'avoir apaisé la faim qui n'avait pas cessé de la tenailler depuis si longtemps, Meriem n'en respecta pas moins les usages :

– Merci beaucoup, mes sœurs. Nous avons...

Mais l'économe ne lui laissa pas le temps d'achever :

– Ah, mes enfants… mes chers enfants… je suis, Dieu me pardonne, dévorée de curiosité. Qu'est-ce qui a bien pu vous amener ici ? Allons, racontez-moi toutes vos aventures !

Un peu réticent, Béchir jeta un coup d'œil méfiant vers la sœur cuisinière. Leur ancienne institutrice, pas dupe, comprit tout de suite :

– Vous pouvez parler devant sœur Hedwige. Elle est de toute confiance. Et puis je lui ai si souvent parlé de ma chère école… et de mes chers élèves !

Ce fut Meriem qui, en peu de mots, fit le récit de leurs aventures, depuis la destruction du village, leur survie difficile à Beyrouth, et jusqu'à leur voyage jusqu'à la capitale de l'État hébreu, en passant par l'enlèvement d'Antoine Gabireh.

Sœur Hedwige ne disait rien. Sœur Dominique fronçait de plus en plus les sourcils.

– Nous avons pensé, mes sœurs, conclut la jeune fille, que nous ne pouvions plus rester là-bas. Et nous sommes venus chercher refuge chez vous, en attendant.

« En attendant quoi ? » faillit demander sœur Hedwige. Mais sœur Dominique hocha la tête avec lenteur :

– Vous avez bien fait. Vous êtes ici chez vous, aussi longtemps que nous n'aurons pas imaginé autre chose.

– Merci, ma sœur, répliquèrent en chœur Béchir et Meriem.

Ni l'un ni l'autre n'auraient jamais pu croire que la vieille religieuse était aussi informée de ce qui se passait dans le monde, et ils ouvrirent de grands yeux lorsqu'elle ajouta :

– Cette ville grouille d'espions... d'agents doubles ou triples... de personnages équivoques. Si, réellement, ceux qui ont enlevé cet homme vous recherchent, vous ne serez pas en sécurité ici plus de trois jours. Il y a tant de gens qui parlent trop !

– Nous devrions peut-être avertir monsieur Hagalith, remarqua sœur Hedwige, plus timide que sa physionomie majestueuse ne l'aurait laissé croire.

Sœur Dominique leva les bras au ciel :

– La police ! Mais vous n'y songez pas, ma sœur ! Tout est si trouble dans ce pays ! Rien ne serait plus dangereux si, comme nous avons, hélas, l'obligation de le supposer, ces malandrins étaient en relations avec les services spéciaux d'ici.

– Mais, pourtant...

– Il suffit, ma sœur, coupa l'économe. Dès que j'aurai installé ces deux enfants, j'irai prévenir notre mère supérieure de leur arrivée. Et je prendrai avec elle toutes dispositions pour que nous les fassions partir au plus vite pour la France.

– Où iront-ils ?

– Dans un premier temps, ils pourront certainement être hébergés dans la maison-mère de notre congrégation, ou bien dans l'un de nos monastères. Ensuite... ma sœur, je vous le demande un peu, ne pouvons-nous pas compter sur l'autorité de notre supérieure générale pour leur organiser un établissement plus définitif ?

Sœur Hedwige, vite vaincue, rendit les armes, avec un soupçon d'accablement :

– Vous avez raison, ma sœur, vous avez raison... comme d'habitude.

– Non, ma sœur. Je suis comme vous. Mais j'ai seulement presque toujours raison, répliqua sœur Dominique.

Elle avait insisté sur le *presque,* pour se conformer à une règle d'humilité qu'elle peinait parfois à respecter.

Les religieuses sont femmes de sens pratique. En moins d'une demi-heure, Béchir et Meriem trouvèrent leur place dans leurs nouveaux logements. Deux sœurs infirmières prirent soin de la jeune fille, tandis que sœur Roberta, celle qui conduisait le break du couvent, manches retroussées, s'affairait à regonfler les pneus du fauteuil roulant et à en graisser les roulements qui en avaient bien besoin après le long trajet – pour lequel il n'avait certainement pas été conçu – accompli depuis Beyrouth.

Deux jours passèrent ainsi. Béchir et Meriem, enfin nourris à satiété, retrouvaient des couleurs et de bonnes joues. Si Meriem se laissait dorloter sans honte, en se consacrant vaguement à repriser une nappe d'autel si ancienne qu'il fallait la traiter avec autant de respect qu'une pièce d'archéologie, Béchir, pris en amitié par sœur Roberta, démontrait ses talents en réglant le carburateur du break.

Sous prétexte de l'aider à porter les achats lorsqu'elle allait en ville avec sœur Dominique, il observait attentivement autour de lui et tentait de déceler tout signe suspect. Lorsqu'il était en leur compagnie protectrice, il ne redoutait pas trop qu'un contrôle inopiné ne le contraigne à présenter son titre de séjour périmé, ce qui lui aurait valu les pires ennuis : les autorités israéliennes ne badinaient jamais avec la sécurité.

En dépit de sa vigilance, il se laissait parfois fasciner par la beauté de la Ville sainte, par ses pierres d'or mat resplendissant sous le soleil, et par le mélange étonnant – et détonant – que produisait l'entremêlement de trois civilisations et d'une multiplicité de cultures.

Curieusement, il n'était plus question nulle part de l'ultimatum lancé par ceux qui avaient enlevé Antoine Gabireh. La presse israélienne, toujours bien informée, affirmait que « des parties intéressées à l'affaire » s'étaient lancées dans de mystérieuses tractations « en terrain neutre », sous l'égide de la Syrie et de l'Arabie Saoudite.

Certains en concluaient, peut-être hâtivement, que la libération de la haute personnalité aurait pour contrepartie le versement d'espèces sonnantes et trébuchantes.

Le troisième soir, revenant avec sœur Roberta du grand supermarché de la rue Ben

Yéhouda, Béchir nota qu'un attroupement s'était formé à proximité de la porte du couvent. Apparemment, des badauds se rassemblaient autour de deux joueurs de trictrac, assis sur des tabourets pliants, qui disputaient sur une vieille borne de pierre une partie acharnée. Mais les visages de deux d'entre eux ne lui parurent que trop familiers.

– Ma sœur, dit-il dix minutes plus tard à l'économe, je crois qu'il va nous falloir hâter nos préparatifs de départ. Ils sont à nouveau sur nos traces.

– Tu en es sûr ?

– Oh oui, ma sœur. Je crois qu'ils ne m'ont pas vu. Mais, moi, je les ai bien reconnus... enfin, j'en ai reconnu un. J'en suis sûr. Comment ont-ils appris que nous sommes ici ? Ça, je ne le devine pas. En tout cas, nous les avons à nos trousses.

Sœur Dominique, en dépit de son inquiétude, perdait rarement son sang froid :

– Tu ne bougeras plus d'ici. Tu m'entends ? Et nous demanderons à monsieur le consul de se déplacer pour préparer vos visas.

Elle hésita un instant, puis compléta :

– Tout de même, ces voyous n'oseraient pas s'attaquer à une communauté religieuse, non ?

Béchir, mal convaincu, se borna à hocher la tête.

Cependant, au cours de la nuit, une patrouille de surveillance de l'armée israélienne, effectuant une ronde de routine, mit en fuite une bande d'individus qui tentaient de forcer la petite porte de service du couvent à l'aide d'un pied-de-biche. Dans leur précipitation, ils abandonnèrent sur les lieux une petite mallette contenant trois pains de plastic, reliés à un détonateur. Surpris en pleine action, ils n'avaient pas eu le temps d'en déclencher la minuterie.

*

Le consul général de France à Jérusalem occupait une position aussi particulière que délicate : non sans une ironie grinçante, il comparait volontiers ses fonctions à un exercice de corde raide. Il jouait en effet le rôle d'un ambassadeur-bis, puisque plus haut diplomate français au contact direct du ministère des Affaires étrangères d'Israël, à cause du refus de Paris de reconnaître l'annexion de la Ville sainte et d'installer l'ambassade ailleurs qu'à Tel-Aviv – ce que ses interlocuteurs supportaient mal, et ne dissimulaient pas l'agacement que cela leur causait.

Il devait en outre, ce qui était normal, assurer la protection de ses nationaux et, mission qui relevait de l'exception, des communautés chrétiennes de sa circonscription en vertu de très vieux traités jadis conclus par les rois capétiens avec l'empire ottoman. Pour compliquer encore son travail, il était également accrédité officieusement auprès de certaines organisations palestiniennes clandestines.

Sa tâche nécessitait du doigté, de la patience, une fine perception des nuances, et beaucoup de modestie. En dépit d'un caractère entier, rien de tout cela ne lui faisait défaut.

Sœur Dominique entretenait avec lui des rapports privilégiés, car elle assumait ou dirigeait toutes les besognes d'ordre administratif, et se chargeait notamment de l'obtention des passeports et des cartes consulaires de toutes ses compagnes. En outre, afin de pallier la carence chronique de la poste israélienne, le consulat, desservi par la valise diplomatique, assurait parfois l'acheminement des courriers urgents.

Bien que surchargé, le consul accepta volontiers de faire un saut jusqu'au couvent. Encore jeune, et promis, disait-on, au plus bel avenir, il professait un profond respect pour les lois et règlements, mais il possédait au plus haut point le souci de l'humain. L'économe n'eut pas besoin de se livrer à une grande démonstration pour qu'il comprenne immédiatement :

– Restons-en là, ma sœur. Je vais, de ce pas, établir deux titres de voyage aux noms de ces enfants. Le chef d'escale d'Air France n'a rien à me refuser. Ils auront, je vous le garantis, leurs billets pour Paris dès ce soir. Et...

– Quoi donc, monsieur le consul ? interrompit sœur Dominique, incapable de modérer son anxiété.

– Mon chauffeur les conduira lui-même demain matin à l'aéroport, en même temps que notre secrétaire qui bénéficie enfin de vacances qu'elle a trop longtemps attendues. Et ils seront escortés jusqu'à Lod par l'un des gendarmes de mon peloton de sécurité.

– Armé ?

– Oui, armé. Cela vous convient-il, ma sœur ? Et cela suffira-t-il à apaiser les inquiétudes que je devine ?

Cependant, le lendemain, lorsque Béchir et Meriem se soumirent aux interminables et minutieuses formalités d'embarquement à Ben Gourion Airport, le garçon crut noter qu'un policier dardait sur eux un regard appuyé.

# 5

À Béchir comme à Meriem, accoutumés au soleil presque permanent, et à la cordialité bruyante, quelquefois envahissante, des populations du Moyen-Orient, Paris, malgré la chaleur de l'accueil des religieuses du couvent parisien dûment averties par sœur Dominique, apparaissait comme une ville triste et rébarbative.

De même que la mer manque au poisson qu'une tempête à rejeté sur le rivage, il leur manquait la jovialité exubérante de chacun, les odeurs fortes des rues qui stimulaient l'appétit, et même le tintamarre constant de la circulation des piétons et des véhicules – tout ce qu'il fallait bien considérer comme l'expression d'une joie de vivre que rien, pas même la guerre, ne pouvait abattre.

En France, notaient-ils avec tristesse, ils ne voyaient jamais un commerçant les héler du pas de sa porte pour leur proposer, à des prix inouïs, consentis, affirmait-il, par un excès de bonté qui le mènerait tout droit à la faillite, tous les trésors de ses réserves. Personne ne les arrêtait au milieu de la rue pour s'enquérir de leur village d'origine, de leur santé, et de leurs projets, ou, tout simplement, de leur avis sur la pluie et le beau temps. Aucun quidam, apitoyé ou curieux, ne s'arrêtait pour questionner Meriem sur les circonstances de son handicap et ne supputait avec elle, en invoquant le Dieu de sa religion, ses possibilités de guérison.

Ils comprirent vite ce qu'est réellement l'anonymat des grandes villes d'Europe, où nul ne se soucie des humains qu'il côtoie au hasard des rencontres de l'existence.

Ils saisissaient aussi, confusément peut-être, que cette indifférence représentait leur meilleure protection : s'ils étaient aux yeux de tous aussi transparents, presque inexistants, leur présence dans la capitale de la France pourrait demeurer ignorée de ceux qui les poursuivaient, d'autant qu'avant leur départ, sœur Dominique avait employé une ruse banale – mais efficace dans une région du monde où la discrétion, ailleurs vertu, passe parfois pour une faute de goût.

L'économe, en effet, avait dit et répété à de multiples personnes, en réclamant hautement le secret à chacun de ses interlocuteurs, que Béchir et Meriem allaient être hébergés à la maison-mère de la congrégation, non loin d'Autun. Sachant bien, et l'espérant de tout cœur, que cette information, par un canal ou par un autre, finirait par être transmise au groupe des ravisseurs d'Antoine Gabireh, elle entendait ainsi égarer leurs recherches – assez longtemps, du moins, pour que ses protégés puissent trouver un asile plus définitif et, elle le souhaitait, inviolable.

En tout cas, ceux qui poursuivaient Béchir et Meriem devaient se sentir très sûrs d'eux, car, à l'arrivée à Roissy de l'avion de Beyrouth, ni l'un ni l'autre n'avaient repéré de visage suspect ou de personnage à l'allure inquiétante dans la foule des parents et amis qui attendaient les passagers.

La supérieure générale, à la suite des nombreux télex que sœur Dominique lui avait envoyés, s'était décidée pour une solution d'attente.

Béchir couchait le soir dans une chambre d'étudiant, prenait son petit déjeuner chez lui et dînait chaque soir au couvent, et, à midi, profitait de la demi-pension du lycée technique où il se formait enfin à la théorie et à la pratique de la mécanique. Il se découvrait une passion particulière pour tous les genres de boîtes de vitesses automatiques, et couvrait ses cahiers des croquis de projets de convertisseurs de couple et d'engrenages épicycloïdaux complexes.

Meriem, elle, logeait avec les sœurs, qui veillaient sur elle et la gâtaient autant qu'elles le pouvaient, en se cachant les unes des autres. Elle se relayaient pour l'emmener passer les examens médicaux auxquels la soumettaient les spécialistes des meilleurs hôpitaux.

Ces éminents praticiens faisaient preuve d'un peu d'optimisme tempéré par beaucoup de prudence. Ils estimaient que l'état de la jeune fille permettrait, dans quelques mois, de tenter une opération de la colonne vertébrale – de toute façon nécessaire, car l'éclat d'obus risquait, n'importe quand, de déclencher une grave infection ou, s'il se déplaçait, de sectionner la moelle épinière –, avec « des chances raisonnables de succès », sans expliciter davantage ce qu'ils entendaient par là.

Mais, lorsqu'on leur demandait franchement si elle pourrait à nouveau marcher, ils préféraient revenir à leur jargon et se cantonner à des considérations scientifiques obscures, exprimées en circonlocutions qui dissimulaient surtout leur incertitude. Meriem se contentait de les écouter, sans rien avouer aux religieuses du désespoir qui l'envahissait parfois. Elle savait désormais que seule une intervention céleste pourrait lui rendre ses jambes. À Béchir, elle confia tout de même qu'ils avaient déjà tous les deux bénéficié de tant de miracles qu'elle ne voyait pas pourquoi la série des prodiges devait s'arrêter là.

Ce soir-là, le garçon, fatigué, cédait à une crise de nostalgie, rare chez lui. Il supportait mal que la supérieure générale ait refusé de faire part de leur venue aux nombreuses associations créées par les Libanais réfugiés en France, en Suisse et en Grande-Bretagne. Très actifs, ces groupements permettaient souvent à des familles dispersées par la guerre de se réunir enfin. Mais la mère supérieure s'était montrée inflexible : leur signaler l'arrivée à Paris de Béchir et de Meriem aurait été bien trop dangereux. Le jeune homme enrageait d'avoir à lui donner raison.

Malgré sa tendresse, il rembarra Meriem :

– Tant de miracles ! Tu trouves ! Nous avons tout perdu, nous sommes des exilés, nous ne vivons que de la charité des sœurs ! Et tu appelles ça des miracles ! Eh bien, moi, des miracles pareils, je n'en veux plus ! Plus du tout !

Elle riposta doucement :

– Tu oublies que nous sommes en vie, Béchir. N'est-ce pas déjà un beau miracle ? Je ne sais pas qui nous devons remercier, mais je suis sûre que tu devrais manifester un peu plus de reconnaissance.

Il en demeura bouche bée, vexé et incapable de la contredire une seconde fois.

*

Profitant d'une journée ensoleillée, Béchir avait passé l'après-midi de ce samedi-là à pousser le fauteuil de Meriem sur les bords de la Seine. Habitués à des rivières tantôt à sec et tantôt en crue, ils ne se lassaient ni l'un ni l'autre de contempler le fleuve qui roulait des flots constants et, à leur avis, majestueux.

Regagnant sa chambre, après le dîner, il eut le sentiment que quelqu'un y avait pénétré. Rien n'avait été volé, ni dérangé, ni abîmé. Mais, à des signes subtils que lui seul pouvait déceler – une pile de livres trop régulière sur sa table de chevet, un tiroir de la commode mal refermé, les dernières fragrances d'un parfum étranger –, il comprit qu'un inconnu s'était livré à une fouille en règle de son petit logement.

Il essaya d'abord de se convaincre que ce n'était là qu'un fantasme né de l'angoisse sourde qui, au fond de lui-même, depuis qu'ils avaient assisté à l'enlèvement d'Antoine Gabireh, ne l'abandonnait jamais. Mais il dut très vite se convaincre qu'il ne s'était pas trompé.

Dès son arrivée à Paris, il avait entrepris de coller dans un gros cahier les articles traitant du Liban et des événements du Moyen-Orient qu'il découpait dans tous les journaux et magazines que les sœurs lui donnaient. En l'ouvrant, sans trop savoir pourquoi, une petite coupure de presse, presque un entrefilet, s'en échappa.

Tirée du numéro de la veille de *L'Orient – Le Jour,* le grand quotidien en français de Beyrouth, elle annonçait que, selon des sources officieuses, les pourparlers engagés en vue de la libération de Gabireh piétinaient. Elle ajoutait que deux des autorités morales les plus respectées du pays, le patriarche maronite et le grand mufti de Saïda, avaient offert d'une même voix aux parties en cause, après s'être entretenus la veille avec le président de la République, un chrétien, et le Premier ministre, un musulman, de s'entremettre à leur demande dans la négociation et de lui apporter la caution de leur prestige.

Ébahi, Béchir lut et relut ce court texte qu'il savait bien ne pas avoir mis lui-même dans le cahier. Il remarqua ensuite que la date avait été soulignée d'un mince trait de crayon rouge, comme si celui qui avait glissé la coupure dans son cahier voulait attirer son attention sur la fraîcheur de l'information, et sur le fait qu'elle provenait directement de Beyrouth.

À la réflexion, il devenait évident que les poursuivants avaient choisi ce moyen pour lui indiquer qu'ils étaient à nouveau sur ses traces et ne le lâcheraient pas. Ils insistaient aussi, implicitement, sur le fait qu'ils étaient partout et qu'ils n'ignoraient rien.

Béchir sut qu'il devait s'attendre dorénavant à être de nouveau attaqué : ses ennemis lui démontraient, sans se dissimuler, qu'ils connaissaient les tenants et aboutissants de sa vie nouvelle et le savaient vulnérable.

S'il leur était difficile, en plein Paris, de s'en prendre de vive force au couvent qui abritait Meriem, pensa Béchir, ils n'auraient aucune raison de redouter les dangers que pourrait comporter une agression contre un adolescent qui vivait seul.

Il se leva très tôt le lendemain, afin d'avoir le temps de disposer dans son logis les sortes de pièges qui dénonceraient à coup sûr un retour éventuel du mystérieux visiteur. Il se souvenait, presque par cœur, des recettes jadis lues dans un dossier de feuillets polycopiés. Il s'agissait d'un texte intitulé « Règlement provisoire de camouflage et de sécurité – Manuel à l'intention de MM. les Officiers de toutes armes », récupéré après le départ des troupes françaises venues protéger l'embarquement des Palestiniens de l'OLP qui évacuaient Beyrouth après l'invasion du Liban par les forces israéliennes en 1982.

Pour déceler une effraction, recommandaient les instructions françaises, rien ne vaut l'emploi de quelques cheveux collés à l'aide d'un peu de salive sur les divers éléments de tout ce qui peut s'ouvrir, et d'allumettes placées dans un ordre convenu sur ce qui est susceptible de bouger.

Le cœur plus léger, étrangement, il partit pour le monastère. Mais, quand il arriva dans la rue, il nota, mal garée en face de la porte de l'immeuble, une voiture, une Peugeot bleue, occupée par une femme et un homme qui fixaient l'entrée. En le voyant sortir, d'un mouvement simultané, ils rabaissèrent sur leurs yeux l'une le bord de son chapeau, l'autre la visière de sa casquette, lorsqu'il passa à leur hauteur.

Maîtrisant sa peur, il se retint de courir et s'efforça, au contraire, de marcher jusqu'au couvent d'un pas paisible, comme s'il ne s'agissait que d'une courte promenade. Il parvint à ne pas se retourner, mais il lui semblait sentir dans son dos, invisible, la démarche silencieuse de deux présences qui le suivaient.

*

Aucun incident ne marqua la journée.

Béchir s'était bien gardé de faire part à qui que ce soit de la visite qu'il était maintenant certain d'avoir reçue. Pour dissimuler son trouble, il fit preuve d'une humeur enjouée, risqua même quelques plaisanteries, et consacra de longues heures à régler le carburateur de l'antique Deux Chevaux du monastère.

À table, il fit honneur plus encore que d'habitude au déjeuner préparé par les religieuses. Il manifestait tant d'appétit, dévorant comme un ogre, que Meriem s'inquiéta :

– Si tu continues, tu vas devenir aussi obèse qu'un marchand de tapis des souks, gonflé de miel et de loukoums.

Elle grimaça, et précisa, à peine moqueuse :

– Tu seras laid, et tu ne me plairas plus.

Il se força à rire, et mentit de manière délibérée :

– Ne te fais pas de soucis. Je meurs de faim parce que je suis venu ici en courant, justement pour prendre de l'exercice.

Le soir, en regagnant sa chambre, il constata que l'on s'était de nouveau introduit chez lui par effraction. Le visiteur, aussi habile que celui de la veille, n'avait rien forcé. Sans doute avait-il ouvert la porte grâce à un jeu de fausses clefs.

Celui-là n'avait absolument touché à rien. Mais il y avait, épinglé avec soin sur son couvre-lit, un papier, sur lequel, à nouveau au crayon rouge, une main avait écrit : « Ils vous surveillent. Méfiez-vous des Mercedes. »

Cette fois, *on* ne se cachait plus – quels que soient ceux que ce pronom indéfini, si commode, désignait.

# 6

Comme la plupart des Libanais, Béchir estimait qu'il lui était impossible de réfléchir vraiment sans déguster force tasses de café. Certes, le breuvage que l'on trouvait sous ce nom en France ne possédait rien de commun avec celui que l'on boit en Orient en toutes occasions.

De l'avis du garçon, ce n'était qu'une lavasse sans arôme ni saveur, alors qu'un bon *khawa,* selon la tradition léguée par les Turcs, se doit d'être épais, presque sirupeux, et abondamment parfumé de grains de cardamome. Il faut aussi qu'il laisse au fond des tasses un dépôt qui, par sa couleur comme par sa consistance, évoque les résidus de pétrole.

Par contre, c'est un péché que de le sucrer. Ceux qui le jugent trop amer se contentent de coincer entre les incisives un petit morceau de sirop de canne durci, au travers duquel ils aspirent leur boisson dans un concert de glouglous et de sifflements qui signalent à la ronde un amateur authentique et un vrai connaisseur.

Avec le peu d'argent de poche que lui valaient les menus travaux qu'il accomplissait pour les religieuses, il s'était offert, chez un brocanteur des puces de Montreuil, tout l'attirail du préparateur de café accompli : le minuscule réchaud circulaire à alcool, les deux pots de métal argenté à manche latéral – l'un pour la décoction, l'autre pour l'eau bouillante –, et un moulin électrique capable d'élaborer une poudre si fine que l'eau, conformément à la bonne règle, mettait plusieurs minutes à l'humidifier complètement.

Il s'accorda donc, pour commencer, le quart d'heure que requiert l'élaboration d'une boisson parfaite, en se concentrant sur sa tâche ménagère, afin de donner à son inconscient un délai suffisant pour que ses idées se mettent en ordre d'elles-mêmes. Jamais il ne s'était servi d'un ordinateur, et il n'en avait vu, et de loin, que fort rarement, mais il aimait à citer à tout bout de champ une expression apprise auprès d'un informaticien dont il avait naguère lavé et nettoyé la voiture : « Un cerveau, ça fonctionne comme un disque dur. Alors, laissons le système penser tout seul. »

La préparation achevée, il but une tasse, puis une deuxième, s'accorda une troisième, et décida qu'il absorberait la quatrième, et dernière, dès qu'il aurait couché par écrit le plan de bataille qu'il entendait élaborer. Attirant à lui quelques feuilles de brouillon, il se mit d'abord à noter, dans l'ordre chronologique, tous les événements marquants survenus depuis l'enlèvement d'Antoine Gabireh. Il tenta ensuite de déterminer quel lien pouvait relier chacun d'eux aux autres. Pour cela, il traça deux colonnes, attribuant celle de droite aux faits positifs et celle de gauche aux éléments négatifs.

La caféine aiguisait ses facultés intellectuelles. Très rapidement, il lui apparut que se dégageait une espèce d'ordre secret, comme si Meriem et lui avaient été, et étaient encore, les heureux bénéficiaires d'un système de compensation. Tout semblait aller par paires.

Ainsi, des inconnus s'en étaient pris à leur logis de Beyrouth, mais leur attaque avait échoué grâce au passage fortuit d'une escouade de la gendarmerie. La route était longue, depuis la capitale de leur pays jusqu'à

Jérusalem, mais ils avaient trouvé des gens complaisants pour les transporter, et le franchissement de la frontière, en général si difficile et parfois impossible, s'était opéré sans encombre. Dans la Ville sainte, des inconnus – des inconnus vraiment trop connus, songeait Béchir – avaient tenté de commettre un attentat contre le couvent des religieuses, mais ils s'étaient vus contraints de fuir et d'abandonner devant l'intervention d'une patrouille israélienne.

Lorsqu'ils avaient dû fuir à nouveau vers la France, tout s'était déroulé sans anicroche, grâce à la diligence du consul et à la gentillesse du chef d'escale d'Air France.

Et voilà qu'à Paris même, si certains fouillaient sa chambre pour tenter d'y dénicher il ne savait pas quoi, d'autres y pénétraient dans le seul but de le mettre en garde.

Abasourdi par les conclusions qu'il venait de tirer, Béchir fit un sort à ce qui restait au fond de sa cafetière.

– C'est à croire, dit-il tout haut, les yeux au ciel, que des anges gardiens ont entrepris de veiller sur nous.

Contrairement à Meriem, fort pieuse, Béchir, s'il veillait à en respecter les rites, n'était guère attiré par la religion. Il jugea avec bon sens que ces anges gardiens-là appartenaient sans aucun doute à la race humaine, et qu'ils n'agissaient de cette manière que dans la mesure où ils y trouvaient intérêt.

Parvenu à ce point de ses réflexions, il reconsidéra les choses depuis le début. Tout revenait, en effet, au rapt d'Antoine Gabireh. Et il fallait conclure que deux camps s'opposaient. Le premier, c'était fort simple, n'avait incontestablement d'autre souci que de supprimer des témoins encombrants. Le second, à l'inverse et quels que fussent ses motifs réels, tenait à ce que ces mêmes témoins demeurent en vie.

Pourtant, le message laissé par celui qui venait de s'introduire dans son domicile n'allait pas sans quelque ambiguïté. « Méfiez-vous des Mercedes » pouvait aussi bien signifier que ceux qui les traquaient Meriem et lui, se déplaçaient dans Paris à bord de berlines de la grande marque allemande que rappeler les circonstances de l'enlèvement de Gabireh : outre le pick-up Toyota, deux voitures frappées de l'étoile à trois branches de la firme de Stuttgart avaient été utilisées par les auteurs du rapt.

Tout cela, néanmoins, pouvait relever d'une certaine logique. Les événements conseillaient de supposer par prudence que, gens routiniers ou de peu d'imagination, ils recouraient par prédilection à ce qu'ils connaissaient et n'avaient pas l'intention de modifier leurs habitudes.

Béchir se promit de surveiller désormais toutes les Mercedes qu'il apercevrait dans un rayon de deux cents mètres. Il avertirait aussi, à toutes fins utiles, la supérieure du couvent où Meriem était hébergée, afin que les religieuses prennent note de tout ce qui leur paraîtrait insolite dans les parages et lui en fassent part.

*

Quelques jours s'écoulèrent sans que rien de nouveau n'intervienne.

Chaque matin, en partant de chez lui, Béchir ne manquait pas de disposer avec soin ses signaux d'alerte, de plus en plus raffinés et complexes. Le soir, lorsqu'il regagnait sa chambre, il les retrouvait intacts. Ses mystérieux visiteurs, à quelque camp qu'ils appartiennent, semblaient avoir renoncé à mener leurs perquisitions clandestines.

Aucune voiture suspecte, dont les passagers, à son approche, auraient voulu dissimuler leurs visages, ne stationnait plus devant l'immeuble. Et personne, selon les vérifications auxquelles il se livrait avec régularité, ne tentait de le prendre en filature.

De leur côté, les religieuses, aux aguets depuis que leur mère supérieure, sans entrer dans les détails, les avait mises au courant des menaces qui pesaient à nouveau sur leurs protégés, n'avaient, elles non plus, rien relevé d'inhabituel ou d'inquiétant lorsqu'elles emmenaient Meriem passer une nouvelle visite à l'hôpital ou se soumettre à un autre examen.

Béchir, en tout cas, redoublait de vigilance. Il redoutait que ses adversaires, en le laissant tranquille, ne cherchent d'abord à l'endormir, à lui faire baisser sa garde. Puis, au moment où ils croiraient qu'il se sentait enfin en sécurité, ils frapperaient.

*

Contre toute attente, l'attaque à laquelle Béchir n'avait cessé de se préparer fut menée à la sortie même de son lycée, en milieu d'après-midi.

Les cours s'achevaient ce jour-là à 16 heures. Le jeune homme, après s'être attardé quelques minutes pour discuter avec un groupe de copains, s'apprêtait à reprendre le chemin de sa chambre quand il vit descendre d'une Mercedes noire trois hommes. Deux d'entre eux, vêtus de longs imperméables sombres, gardaient ostensiblement les mains dans les poches. Le troisième ne portait qu'un veston.

Mais, sous l'aisselle gauche, un renflement caractéristique signalait à Béchir, devenu, comme bien des Libanais, un expert dans ce domaine – à Beyrouth, prétendait une légende, tant de gens estimaient nécessaire, depuis le début de la guerre civile, de se faire accompagner par des gardes du corps que ces derniers finissaient par être plus nombreux que les ecclésiastiques, pourtant innombrables, et que l'on en voyait partout –, la présence d'une arme de poing, pistolet ou revolver.

Le trio, à grandes enjambées nonchalantes, se dirigea droit sur lui.

Béchir, en un instant, prit la mesure de la situation. Il lui aurait été inutile de fuir, puisque les autres, grâce à leur véhicule, ne tarderaient pas le rattraper. La porte du lycée, déjà refermée, ne lui permettait pas de trouver refuge dans l'établissement.

Il fallait jouer serré.

Coudes au corps, il fonça pour rejoindre ses camarades, qui n'avaient guère parcouru plus de cinquante mètres dans l'autre direction. Jouant les étourdis, il criait comme un possédé :

– Hé, hé, attendez-moi ! Je crois que j'ai oublié de marquer dans mon cahier de texte le moitié des devoirs pour demain.

Bien qu'improvisée à la hâte, la manœuvre aurait pu réussir. Les autres lycéens, surpris de s'entendre héler ainsi, s'étaient arrêtés et attendaient que Béchir les rejoigne. Mais les attaquants avaient prévu un dispositif complet. Débouchant brusquement du porche où il s'était dissimulé, un quatrième larron s'avança pour barrer le passage. Celui-là était taillé en athlète, et il balançait, au bout de bras d'une longueur exceptionnelle, des poings déjà serrés. Sans doute avait-il l'intention d'assommer Béchir et de l'embarquer dans la voiture.

Il n'en eut pas le loisir. De la fenêtre avant gauche d'une Peugeot bleue d'aspect banal, stationnée en double file devant une boucherie, surgit le mufle camus du canon d'un pistolet-mitrailleur. Une courte rafale, dans les pieds de l'homme aux membres de primate, fit jaillir une volée d'éclats de bitume arrachés au trottoir.

Affolé, blême, le colosse regagna l'abri du porche de toute la vitesse de ses jambes.

La Peugeot démarra en voltige, freina sec pour s'arrêter à la hauteur de Béchir, et une femme qu'il ne distinguait pas dit d'une voix très douce, presque murmurée, comme si l'incident ne s'était jamais produit :

– File vite, petit ! Cours vers le métro !

Cette fois, crois-moi, ils en veulent vraiment à ta peau.

Convaincu, par sa seule intuition, qu'il assistait à une nouvelle intervention providentielle de ses anges gardiens, Béchir hésita. Il esquissa un départ de sprint. Mais il se ravisa.

Il pivota sur lui-même en un tournemain. Puis, sans se démonter, il s'approcha de la Peugeot, ouvrit la portière, et monta à l'arrière : après tout, si anges gardiens il y avait, autant se placer directement sous leur houlette.

Le conducteur possédait autant de réflexes que de sang froid, car, sans demander d'explications, il emballa son moteur et embraya sèchement. La voiture repartit aussitôt, dans un grand crissement de pneus martyrisés.

– Heureux de faire enfin ta connaissance, Béchir Abmarouni, reprit la femme, toujours d'une placidité impressionnante. Nous avons eu peur qu'ils ne t'enlèvent, toi aussi, avant que nous ne puissions nous en mêler !

Le garçon, encore sous le coup de l'émotion, ne parvint à répondre d'abord que des merci bafouillés. Il essuya son front couvert d'une sueur glacée qui, malgré la barrière des sourcils et des cils, lui brouillait le regard. Puis il recouvra tous ses esprits :

– C'est bien joli, tout ça. Mais qu'est-ce que vous allez faire pour protéger aussi Meriem ?

La femme avait réponse à tout. Elle sourit, gentiment moqueuse :

– Tu es d'une nature soucieuse, à ce que je vois.

– Oh, je...

– Remarque que je ne te donne pas tout à fait tort, étant donné les circonstances. Eh bien, ne t'inquiète plus. Nous l'avons, elle aussi, déjà pris sous notre aile.

Mais Béchir, curieusement, éprouvait une sorte de mauvaise humeur, car il s'en voulait de n'avoir pas su deviner à temps les signes précurseurs du piège qui venait de lui être tendu.

– Vous parlez d'une protection ! jeta-t-il avec âpreté. Ah, vous faites dans la discrétion, vous ! Rien qu'une fusillade en plein Paris ! Il y a peut-être d'autres moyens... moins bruyants... non ?

La femme continuait de donner dans l'ironie :

– Pas du tout. Vois-tu, nous te démontrons sur le vif que l'on peut faire mentir le proverbe. Un jour comme aujourd'hui, tu ne me diras pas, j'espère, que le bruit ne fait pas de bien ?

# 7

Passablement secoué par ce qui venait de se produire, Béchir n'était pas encore au bout de ses surprises. Il dut, pour commencer, constater que le pistolet-mitrailleur avait disparu comme par enchantement.

Que les étuis des munitions aient été éjectés par la fenêtre ou ramassés avec soin entre-temps, pas une seule douille ne traînait sur la moquette.

Tout juste subsistait-il dans l'habitacle un vague relent de poudre qui se mêlait à un parfum plus subtil et plus féminin.

Il n'avait pas tout d'abord prêté attention aux autres occupants de la Peugeot, trop absorbé qu'il était par son altercation avec la femme. Il prit enfin le temps de les dévisager.

À l'avant, à la place du passager, se tenait un homme qui lui parut assez âgé. Son crâne oblong, entièrement rasé, s'ornait d'une multitude de creux et de bosses. On eût dit, comme à Verdun, d'un paysage de campagne piqueté de trous d'obus après un duel d'artillerie. En dépit de la relative fraîcheur de la température, il ne portait qu'une chemise, aux manches retroussées sur des biceps respectables, et un pantalon de toile beige dont la ceinture retenait mal un ventre proéminent. Il paraissait commander le trio, car, silencieux, il indiquait au chauffeur, par de petits gestes de la main, l'itinéraire qu'il devait suivre.

On éprouvait le sentiment qu'avec lui celui qui conduisait n'aurait pas osé brûler un feu rouge ou se rendre coupable d'un excès de vitesse, même en cas d'extrême urgence ou de danger pressant. Il imposait, par sa seule présence, le respect d'un ordre auquel c'eût été folie de ne pas se conformer.

Profondément enfoncés dans les orbites, ses yeux gris brillaient d'un éclat mat où l'on pouvait déchiffrer une intelligence acérée, une volonté tendue, un soupçon de cruauté et une nuance de bienveillance.

Mais, en voyant le chauffeur lui-même, un blond au teint rose, d'une vingtaine d'années, qui avait remonté sur son front des lunettes noires à monture d'or à la dernière mode, Béchir ne put se retenir.

– Mais c'est pas vrai ! hurla-t-il. C'est pas vrai !

– Qu'est-ce qui n'est pas vrai ? s'enquit la femme, avec autant de douceur qu'auparavant.

– Je le connais ! s'écria Béchir. Je le connais trop bien ! C'est lui qui conduisait la... le...

– Le quoi ?

– Il pilotait le pick-up Toyota quand Antoine Gabireh a été enlevé. Et, en plus, je l'ai revu au moment où nous avons franchi la frontière à Mtoulé. Il nous a menacés, Meriem et moi. Alors, qu'est-ce qu'il fiche ici, hein ?

Pour tout commentaire, l'homme âgé se contenta d'un rire sec, au demeurant dépourvu de méchanceté. Mais la femme, plus prévenante, crut devoir s'expliquer, sans guère fournir de détails :

– C'est bien normal. Shmuel...

– Ah ! Parce qu'il s'appelle Shmuel ?

– Shmuel est celui que nous avions chargé de veiller sur vous. Il a plutôt bien réussi, je crois.

Béchir, indigné, en bafouilla :

– Il… il… enfin… les trois… ceux qui ont été abattus… il…

La femme – Béchir remarqua, à ce moment-là, qu'elle ne dépassait certainement pas les vingt-cinq ans, qu'elle possédait de longs cheveux noirs enroulés en chignon épais presque sur le dessus de sa tête, et qu'elle ne cessait jamais de sourire – reprit, d'un ton patient :

– Tu… vous avez tout vu, Meriem et toi, n'est-ce pas ?

– Oh, ça oui !

– Alors, tu as vu aussi que Shmuel n'a tué personne. A-t-il jamais, ce jour-là, quitté la cabine de conduite de la Toyota pendant ce… cette péripétie ?

– Euh… non.

Peut-être la jeune femme avait-elle, naguère ou dans une vie antérieure, exercé le métier d'institutrice, car les mouvements de ses doigts donnaient l'impression qu'au fur et à mesure qu'elle parlait, elle écrivait ce qu'elle disait à la craie virtuelle sur un tableau noir imaginaire. À défaut de pouvoir poser la question, Béchir s'en convainquit d'autant plus aisément qu'elle ressemblait, de loin, à l'une de ses cousines, plus âgée que lui, émigrée depuis longtemps aux États-Unis, où elle enseignait désormais l'arabe et le persan dans une université de la région des grands lacs.

– Shmuel, ajouta-t-elle, n'a assassiné personne. Mais, mieux encore, il a empêché Antoine Gabireh d'être assassiné.

– Là, je n'y comprends plus rien, lâcha Béchir avec une sorte de fureur impuissante.

La Peugeot arrivait maintenant dans les petites rues tranquilles d'un quartier résidentiel de la rive gauche, près de la tour Eiffel, où la circulation était moins dense. La jeune femme, l'œil placide, ouvrit son sac pour y glisser le petit pistolet nickelé – un Walther P. 38, d'aspect presque neuf, reconnut Béchir – qu'elle avait coincé, hors de vue mais à portée de main, entre l'assise de la banquette et le dossier

Le conducteur, à l'aide d'une télécommande à infrarouges, ouvrit une porte basculante. La Peugeot pénétra dans le parking d'un immeuble cossu, et s'arrêta au fond d'un box.

– Nous y sommes, marmonna le chef. Ne nous attardons pas.

Subjugué, dans l'incapacité mentale et physique de se rebiffer, Béchir suivit la femme et les deux hommes. L'ascenseur les mena jusqu'au dernier étage. L'appartement, défendu par un vantail blindé et un ensemble de verrous compliqués, disposait d'une vaste terrasse, d'où l'on avait le sentiment de dominer tout Paris.

– Ici, tu ne risques plus rien, indiqua la jeune femme. Tu es chez des amis.

Béchir grogna :

– Je ne m'en serais jamais douté. À voir vos têtes ! Mes amis à moi sont plus sympathiques, en général !

Loin de se vexer, les trois anges gardiens, que Béchir, au fond de lui-même, aurait volontiers qualifiés de démons, esquissèrent avec ensemble une moue satisfaite.

– Nous n'avons pas l'air de ce que nous sommes. Et c'est très bien ainsi, répliqua le nommé Shmuel qui n'avait pas prononcé un seul mot depuis l'incident survenu devant le lycée.

Béchir, le front buté, ne trouva rien à répondre.

La jeune femme s'éclipsa. Mais elle revint bientôt, portant sur un plateau des verres et des bouteilles.

– Merci, Yaël, dit le chef. Tout cela m'avait donné soif, comme toujours. J'ai la langue aussi râpeuse que le fond d'un *wadi* à la fin de l'été. Et toi, Béchir, tu n'as pas envie de boire ?

Le garçon, par esprit de contradiction, aurait bien voulu refuser. Mais, après toutes les péripéties survenues en si peu de minutes, il se sentait la gorge desséchée. Il accepta un gobelet de soda sur un lit de glaçons, imité par Yaël, tandis que les deux hommes décapsulèrent des canettes de bière qu'ils vidèrent au goulot, à grandes goulées.

Le chef passa la paume de sa main sur son crâne, produisant le bruit agaçant de la lame d'une varlope raclant une solive à dégauchir. Il toussota, et marmonna enfin, comme à regret :

– Mon petit, nous te devons quelques explications.

– J'espère bien !

Comme s'il n'avait pas prêté attention à l'interruption, le chef enchaîna :

– Vois-tu, Antoine Gabireh n'a pas été assassiné, ni par Shmuel, ni par qui que ce soit d'autre. Il n'a pas non plus été enlevé. Du moins pas par nous.

Forçant l'intonation, il insistait sans cesse sur ce *nous* qui, devait-il estimer, le dispensait de préciser davantage.

– Et par qui donc, alors ? grinça Béchir.

– Pas par nous, je te le répète. Mais par des gens qui sont nos ennemis.

Béchir bouillait d'une fureur mal contenue :

– J'en ai assez, à la fin ! Nous, vous, vos ennemis, ceux d'Antoine Gabireh, et puis qui d'autre encore ? L'ONU ? L'OPEP ? La CIA ? La cavalerie de saint Georges ? Assez de mystères, bon sang !

– Calme-toi, petit, calme-toi ! Et tâche de comprendre.

– Je ne fais que cela.

– Gabireh, nous n'éprouvons pas pour lui une affection exagérée. Et je crois...

Le vieux ricana longuement, et les deux autres eurent une grimace amusée. Béchir était en proie à une telle colère que les articulations de ses phalanges blanchissaient.

– Et je crois qu'il ne nous aimait pas beaucoup non plus, acheva le vieux. Mais nous n'avions pas le choix, ni lui, ni nous. Il nous rendait des services... nous l'aidions... bref, nous lui étions indispensables, autant qu'il nous était nécessaire.

– Ah, bravo ! C'est du joli, votre politique ! cracha Béchir qui n'y tenait plus.

Dans le regard du vieux flamba une étincelle d'indulgence, peut-être aussi de mépris :

– Non, ce n'est pas joli. Ça l'est rarement. Mais on ne peut pas s'en passer. Dis-moi, tu ne t'es jamais demandé pourquoi tu es encore en vie ? Pourquoi Meriem est encore en vie ?

– Je ne vois pas le rapport.

– Grâce à la politique, mon garçon.

– Ça m'étonnerait !

– Peu m'importe. Bref, crois-moi, Antoine Gabireh n'était pas notre ami, certes pas. Mais nous étions alliés, lui et nous. Jusqu'au prochain renversement des alliances, nous nous devions de veiller à ce qu'il ne lui arrive rien. Et lorsque nous avons su qu'il avait été enlevé malgré tout...

– Vous voyez bien !

La jeune femme intervint :

– Trois jours avant les... les événements que tu sais... Antoine Gabireh avait été enlevé... ou séquestré, si tu préfères... par un camp que nous avons toutes les raisons de combattre. La presse n'était pas au courant.

Sentant le découragement le gagner, Béchir avoua :

– Je n'y comprends rien. Et, pourtant, je crois que je vais tout comprendre. Enfin...

Comme un conférencier prolixe, le vieux tenait à poursuivre sa démonstration jusqu'au bout. Il ricana de nouveau :

– Tu connais Beyrouth mieux que moi. Gabireh était retenu dans les ruines de l'un des grands hôtels de la corniche. Là, nous ne pouvions certainement pas aller le récupérer. Mais ceux qui le retenaient n'en savaient rien. Notre plan a consisté à leur faire admettre, par des voies détournées, que nous allions justement monter une attaque de vive force, avec des navires de guerre et un commando de parachutistes.

– Et ils ont décidé de changer Gabireh de prison ?

– Exactement. Nous sommes mêmes parvenus... un de nos agents... à leur conseiller un itinéraire de repli. Après cela, rien de plus facile que d'organiser l'embuscade à laquelle tu as assisté. Et, par conséquent, ce soir-là...

– Et par conséquent, ce soir-là, vous avez commis, de sang froid, trois assassinats, contra Béchir que l'indignation étouffait presque.

Le tempérament de baroudeur de Shmuel le poussait le plus souvent à se taire. Mais, lorsqu'il se décidait à parler, ses paroles n'en prenaient que davantage de poids :

– Non, tu te trompes, petit.

Béchir faillit mourir de rage, mais se tut.

– Nous avons bien organisé le... disons le coup de main continua Shmuel. Mais personne de chez nous n'y a participé, sauf moi. Je n'étais présent qu'au titre de conseiller technique... et pour superviser la manœuvre. Ce sont des miliciens du clan Gabireh qui ont agi. J'ai dû les laisser faire. Les trois cadavres sont à eux. Un point, c'est tout.

Shmuel conservait une telle placidité en évoquant le triple meurtre, et le rôle cynique qu'il y avait joué, que, pris soudain d'une peur qu'il ne contrôlait pas, Béchir frissonna.

– Les sbires de Gabireh appartiennent au genre brutal et impulsif, crut devoir ajouter la jeune femme. Ils ne voulaient pas de témoins. Ils étaient donc décidés à vous abattre aussi, Meriem et toi.

– Et à me tuer également, ajouta Shmuel d'une voix égale.

– Mais nous, martela le vieux, nous n'assassinons pas les enfants. Lorsqu'ils ont essayé de vous descendre, pendant la nuit suivante, nous nous sommes débrouillés pour les mettre en fuite. Si vous n'aviez pas décidé de filer vers le sud, Meriem et toi, nous serions venus vous chercher pour vous mettre en sûreté. Mais nous vous avons vus partir. Nous avons pu nous contenter, de loin, de protéger votre voyage. Et voilà.

Dans l'esprit de Béchir, tout se mélangeait. À la stupéfaction qu'il éprouvait s'ajoutait une sorte de dépit.

– Et voilà ! répéta-t-il. Le camionneur de Damas, c'était vous ?

– C'était l'un de nous.

– Le délégué de la Croix-Rouge ?

– Non. Le hasard.

– Le passage de la frontière ?

– Vous avez tous les deux remarqué Shmuel, non, me semble-t-il ?

Resté debout jusque-là, en se balançant d'une jambe sur l'autre, Béchir s'affala dans un immense fauteuil moderne, fait de cuir et de tubes chromés. L'accablement le gagnait.

Pourtant, il voyait plus clair :

– Voyons si je comprends bien.

– Nous t'écoutons.

– Vous avez utilisé vos amis contre les ennemis de Gabireh.

– Exact.

– Et vous nous avez ensuite protégés contre vos propres amis.

– Absolument.

– Et, ici, vos amis sont devenus vos ennemis.

Apparemment, le vieux ne pouvait pas s'exprimer sans assaisonner le moindre propos d'une salve de ricanements :

– Les choses changent vite, dans nos pays. Le clan Gabireh, une fois de plus, s'est vendu au plus offrant. À nos vieux adversaires. De vrais dangereux, ceux-là. En prenant ta défense, tout à l'heure, nous lui avons... nous leur avons... transmis un message. Un message fort, d'une clarté aveuglante. D'ailleurs...

– Quoi ?

– Ceux qui s'en sont pris à toi ne resteront pas longtemps à Paris, je te le jure sur ce que j'ai de plus sacré. Ils repartiront bientôt... mais je ne peux pas encore te dire dans quel état.

Devant les yeux de Béchir, une image s'imposa brusquement : celle de cercueils que l'on charge à bord d'un avion. Mais il n'eut pas le temps de s'appesantir.

– Qu'est-ce que tu souhaites ? interrogea le jeune femme. Que nous te ramenions chez toi, à ta chambre ? Ou bien au couvent ?

– Au couvent, décida Béchir. Il faut que je raconte tout cela à Meriem. Elle qui voit des miracles partout, elle sera bien surprise !

# Épilogue

Quatorze années ont passé depuis que Béchir et Meriem ont été contraints de fuir Beyrouth après l'embuscade perpétrée en bas de l'immeuble où ils s'étaient réfugiés. Au Liban, la paix est aujourd'hui revenue.

Une paix incomplète, troublée par des brusques poussées de tension, comme des accès de fièvre, qui ressemble bien plutôt à une longue trêve susceptible d'être rompue à tout instant. La guerre civile a cessé, tout de même.

Comme les gouvernements croient que les militaires peuvent assurer la tranquillité mieux que n'importe qui, des troupes syriennes, à la présence ostensible et parfois pesante, occupent les trois quarts du pays. Les troupes israéliennes, elles, détiennent toujours une large bande de terrain, dans le sud. Des affrontements très durs les opposent souvent à leurs vieux adversaires du Hezbollah, sous l'œil des casques bleus des Nations Unies qui ne peuvent mieux faire que de compter les coups : tirs de roquettes, duels d'obusiers et pilonnages de l'aviation se succèdent dans une zone ravagée, considérés avec fatalisme, sinon avec indifférence, par la communauté internationale.

Beyrouth subit une reconstruction complète. Des ruines informes, les bâtisseurs font naître, dans une poussière permanente et dans un tintamarre qui ne cesse ni le jour ni la nuit, une ville ultramoderne, qui n'aura plus jamais le charme d'antan, mais qui retrouvera bientôt son rang officieux de capitale financière et culturelle du Moyen-Orient.

Quelquefois, un bulldozer dégage des vestiges anciens. On laisse quelques heures ou quelques semaines aux archéologues pour procéder à des relevés hâtifs, puis le béton recouvre tout. Sur le tracé de la « ligne verte » se succèdent les buildings et les parcs d'agrément, de dimensions aussi colossales les uns que les autres.

La sœur Dominique, avant de mourir, a éprouvé une dernière joie : la supérieure générale de sa congrégation l'avait chargée de superviser les travaux de construction d'un couvent tout neuf, sur un terrain offert par d'anciens élèves reconnaissants à proximité du palais présidentiel de Baabda.

Béchir Abmarouni a quitté Paris en 1993. Après un stage complémentaire de quatre mois en Italie, il a regagné le Liban. Grâce à l'argent prêté par un groupe de financiers soucieux d'investissements sûrs, il a pu monter un garage tout près de la grande plage, sur la route de l'aéroport. Ses affaires ont vite prospéré. Comme pour effacer le passé ou pour le compenser, il est devenu l'un des concessionnaires les plus en vue de Mercedes.

À ses intimes, qui n'y comprennent rien, il confie quelquefois qu'il y voit comme une revanche.

Il n'a pas grossi, malgré les prophéties pessimistes de Meriem. Au contraire, il garde en lui, malgré sa récente richesse, la nervosité et les indignations du chat maigre qu'il était dans son adolescence.

Malgré les soins des meilleurs médecins, et plusieurs opérations douloureuses, Meriem

El Nour n'a pas retrouvé ses jambes. Son handicap, cependant, ne l'a pas empêchée de passer le bac puis d'entrer, à Paris, dans une grande école d'ingénieurs.

À sa sortie, elle a tout de suite été engagée par une société internationale qui construit des satellites artificiels. Spécialiste reconnue des systèmes de commande, elle se rend souvent à Kourou pour procéder à d'ultimes réglages et assister, de son fauteuil, au lancement des fusées Ariane qui embarquent les appareils qu'elle a conçus.

Tous les deux ans, à peu près, Béchir s'est rendu en France pour passer en sa compagnie l'unique semaine de vacances qu'il consent à s'accorder.

Jamais encore elle n'était revenue au Liban. Mais, tout à l'heure, quand son avion s'est posé sur la piste, Béchir l'attendait au bas de la passerelle. Sans s'attarder dans les rues bruyantes des faubourgs, il l'a emmenée chez lui : une maison toute neuve, dans leur village d'autrefois qui a été, lui aussi, rebâti. Seulement, au lieu des fermes tassées autour de leur courette, on ne voit plus que des villas pimpantes mais trop neuves, au chic souvent tape-à-l'œil. Un promoteur astucieux les a louées ou vendues à des bourgeois qui préfèrent respirer l'été l'air de la montagne et se trouver l'hiver à proximité des pistes de ski.

Ils se retrouvent sur la terrasse pour prendre l'apéritif avant d'aller dîner dans l'un des meilleurs restaurants de Jounieh, la station balnéaire snob, célèbre par son port de plaisance et son casino, où Béchir a retenu une table.

Le crépuscule tombe vite, irisant au loin, de l'horizon à la frange littorale, la crête des vagues.

– Regarde, Béchir, regarde ! s'écrie Meriem. Tu te souviens ?

Sur la mer, des reflets ocres, dorés, pourpres et écarlates se mêlent aux rayons qui, comme en cette fin d'après-midi, quatorze années auparavant, lorsque l'embuscade s'est produite en dessous de leur logis, paraissent dessiner à la surface de l'eau trois soleils mauves.

– Il y a longtemps... mais je me souviens. Je m'en souviens très bien, répond Béchir.

Paris, mars-avril 1998

## Si ce livre t'a plu, tu peux lire aussi dans la même collection:

William Irish

# Une incroyable histoire

n° 25 de la collection

Buddy rapprocha davantage sa chaise et se pencha vers l'oreille de son père :

– Mais, p'pa, haleta-t-il, cette nuit, ils ont tué un homme là-haut ! Ils ont coupé son corps en morceaux et ils l'ont fourré dans deux valises !

Le père s'arrêta de manger, puis posa couteau et fourchette. [...]

– Mary, [...] il recommence ! Je croyais pourtant t'avoir dit de ne pas le laisser retourner au ciné. »

Pourtant cette fois, Buddy n'invente rien.

Un suspense remarquable, qui ne laisse pas une seconde de répit au lecteur.

souris noire

## Dans la même collection

**1 Pinguino**
Franck Pavloff

**2 Lambada pour l'enfer**
Hector Hugo

**3 Le Squat résiste**
Franck Pavloff

**4 Ippon**
Jean-Hugues Oppel

**5 Cauchemar-rail**
Stéphanie Benson

**6 Mon frère est un drôle de type**
Olivier Mau

**7 La Calanque des ermites**
François Joly

**8 Un privé chez les nababs**
Gérard Moncomble

**9 Embrouille à minuit**
Malika Ferdjoukh

**10 Nuit rouge**
Jean-Hugues Oppel

**11 Aladdin et le crime de la bibliothèque**
Marie et Joseph

**12 Wiggins et le perroquet muet**
Béatrice Nicodème

**13 Wiggins et la ligne chocolat**
Béatrice Nicodème

**14 L'Assassin de papa**
Malika Ferdjoukh

**15 Frères de sang**
Olivier Thiébaut

**16 Le Disparu de Cabrérac**
Alix Clémence

**17 Le Père Noël s'appelle Basile**
Pierre Pelot

**18 La Planque**
Frédéric Fajardie

**19 L'Inconnue dans la maison**
Stéphanie Benson

**20 Tonton tué**
Serge Quadruppani

**21 Marathon sur l'estuaire**
Hubert Ben Kemoun

**22 La Vengeance de la petite gitane**
René Frégni

**23 Pépé Grognon**
Jean-Loup Craipeau

**24 Un pavé dans la mare**
Robert Deleuse

**25 Une incroyable histoire**
William Irish

**26 Trois soleils mauves**
Marc Menonville

Achevé d'imprimer sur Cameron
par **Bussière Camedan Imprimeries**
à Saint-Amand-Montrond
Conception graphique couverture :
Didier Thimonier
Dessin de la Souris noire : Lewis Trondheim
Typo dessinée par Anne Ladevie
Dépôt légal : août 1998
N° d'impression : 983915/1
Loi n° 49.956 du 16 juillet 1949
sur les publications destinées à la jeunesse

[redacted]